Imke Rosebrock
Gewaltige Naturkatastrophen

Imke Rosebrock

Gewaltige **Naturkatastrophen**

Erdbeben, Tornados, Sturmfluten,
Tsunamis, Dürren, Vulkanausbrüche

Inhaltsverzeichnis

Steine regnen vom Himmel

Das Ende der Dinosaurier

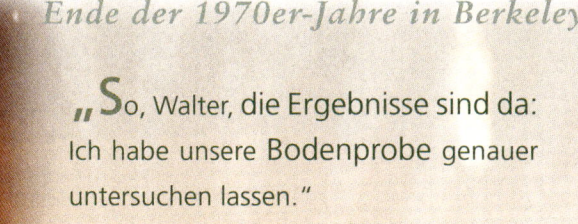

Ende der 1970er-Jahre in Berkeley

„So, Walter, die Ergebnisse sind da: Ich habe unsere Bodenprobe genauer untersuchen lassen."

„Endlich! Mich als Geologen interessieren vor allem die genauen Bestandteile dieser Lehmschicht, die da im Kalkstein auftaucht. Ich bin sicher, dass sie über 65 Millionen Jahre alt ist und damit aus der Zeit stammt, als die Dinosaurier und viele andere Tierarten plötzlich ausstarben."

„Nun, ich als Physiker achte auf ganz andere Dinge. Und wir haben eine spannende Entdeckung gemacht: Der Lehm ist voller Iridium, einem sehr seltenen Metall!"

„Wie konnte es sich dort ablagern?"

„Iridium kommt vor allem im Weltall vor. Vielleicht ist es damals mit einem großen Meteoriten auf die Erde gelangt. Ein solcher Einschlag könnte auch die Dinosaurier vernichtet haben."

Die Wissenschaftler Luis und Walter Alvarez

65 Millionen Jahre bevor der amerikanische Physiker und Nobelpreisträger Luis Alvarez (1911–1988) und sein Sohn Walter (*1940), ein Geologe, ihre Bodenproben untersuchen, sind die Dinosaurier die unbestrittenen Herrscher der Kontinente. Wir befinden uns am Ende der sogenannten **Kreidezeit**. Es gibt Hunderte Dinosaurierarten, die bekanntesten sind der fleischfressende Räuber Tyrannosaurus Rex und der Pflanzenfresser Triceratops mit seinen drei Hörnern auf der Stirn und der mächtigen, knöchernen Halskrause. Doch die Herrschaft der „schrecklichen Echsen", wie das Wort Dinosaurier aus dem Griechischen übersetzt heißt, geht bald zu Ende.

Die Gefahr droht von oben

Wenn die Theorie von Luis und Walter Alvarez stimmt, geschieht damals Folgendes: Unaufhaltsam rast aus dem All ein mächtiger Meteoroid in Richtung Erde – einer von Abertausenden von Gesteinsbrocken, die dort oben ihre Bahnen ziehen. Falls sie in die Erdatmosphäre eintreten und auf unserem Planeten einschlagen, nennt man sie nicht mehr Meteoroid, sondern Meteorit. Und ein solcher Meteorit mit einem Durchmesser von etwa zehn Kilometern steuert nun direkt auf die mexikanische Halbinsel Yucatán zu.

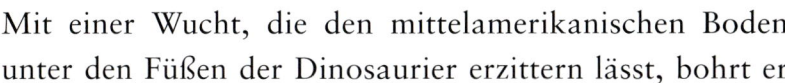

Mit einer Wucht, die den mittelamerikanischen Boden unter den Füßen der Dinosaurier erzittern lässt, bohrt er

Der Triceratops lebte im heutigen Nordamerika.

Vor 50.000 Jahren hinterließ der Einschlag eines Meteoriten in Arizona einen gewaltigen Krater.

sich regelrecht in die Erde und hinterlässt eine riesige Grube: Der Chicxulub-Krater entsteht, mit einem Durchmesser von unglaublichen 180 Kilometern. Das ist weiter als von Hamburg nach Hannover. Der Krater auf Yucatán erstreckt sich vom Festland bis in das Karibische Meer hinein. Gigantische Flutwellen, die der Einschlag verursacht hat, bewegen sich über die Ozeane. An manchen Küsten türmen sie sich bis zu tausend Meter hoch und begraben alles Leben unter sich. Durch den gewaltigen Aufprall aufgewirbelt, steigt auch eine große Staubwolke in die Luft. Sie verdreckt jahrelang die **Atmosphäre** und verdunkelt die Sonne. Viel weniger warme Sonnenstrahlen als sonst gelangen auf die Erde, die Temperatur sinkt. Es herrscht Winter, viel länger als üblich, verheerend für den Lebensraum von Tieren und Pflanzen. Die über Millionen Jahre währende Ordnung gerät durcheinander, wer keine Nahrung mehr findet, muss verhungern oder sich neue Futterquellen suchen. In der Folge stirbt mehr als die Hälfte aller Tierarten innerhalb weniger Tausend Jahre aus. Ein

Wissen *spezial*

Ohne Atmosphäre keine Atemluft

Die Atmosphäre legt sich wie eine Schutzhülle aus Gas um die Erde. Sie besteht aus verschiedenen Schichten. Wir Menschen leben in der Troposphäre, die bis in etwa 15 Kilometer Höhe reicht. Der Übergang von der Erdatmosphäre zum Weltraum liegt in der oberen Thermosphäre circa 500 bis 2000 Kilometer über unseren Köpfen.

Zeitraum, der uns Menschen ziemlich lang erscheint, aber in der mehr als viereinhalb Milliarden Jahre währenden Geschichte der Erde sind ein paar Tausend Jahre nur ein Klacks. Dasselbe gilt übrigens auch für die Dinosaurier: Schon seit 170 Millionen Jahren leben sie auf dem Globus, bis sie vermutlich durch die Auswirkungen des Meteoriteneinschlags aussterben.

Der Meteoriteneinschlag auf Yucatán zerstörte nicht nur in Mittelamerika den Lebensraum von Tieren und Pflanzen.

Steine auf Kollisionskurs

Meteoroiden sind Bruchstücke von **Asteroiden** und kreisen normalerweise in einem riesigen Schwarm, dem Asteroidengürtel, auf einer festen Umlaufbahn um die Sonne. Manchmal jedoch prallen die Himmelskörper aufeinander, Stücke brechen ab, einige gigantisch groß, andere klitzeklein, und werden regelrecht aus der Bahn geworfen. Sie ändern ihre Richtung und schwirren nun auf neuen Wegen durch den Weltraum. Manche von ihnen kommen der Erde dabei gefährlich nahe – oder treffen tatsächlich auf unseren Planeten. So regnen jeden Tag Steine aus dem All auf uns nieder, die meis-

Wissen *spezial*

Was sind Asteroiden?
In der Astronomie zählen Asteroiden neben Kometen und Meteoroiden zu den Kleinkörpern. Der Himmelskörper Ceres beispielsweise, mehr als 900 Meter im Durchmesser groß, wird heute nicht mehr als Asteroid, sondern als Zwergplanet eingestuft, genau wie Pluto.

Wer eine Sternschnuppe sieht, so heißt es, darf sich etwas wünschen.

ten verglühen jedoch beim Eintritt in die Erdatmosphäre, ein Ereignis, das wir dann als Sternschnuppen sehen können. Nur sehr selten, wie etwa beim **Tunguska-Ereignis**, sind die Meteoriten so groß, dass sie uns gefährlich werden können. Pro Jahr gelangen Tausende dieser kleinen Himmelskörper bis zu uns, sie wiegen meist nicht mehr als ein paar Gramm und sind kaum größer als Kieselsteine. Manche schimmern wie Gold oder Silber, andere sehen aus wie ganz normale Steine – je nachdem, aus welchem Material sie sind. Meteoriten bestehen hauptsächlich aus Gestein und Metallen, beispielsweise Eisen oder auch Nickel, allerdings in sehr unterschiedlichen Anteilen.

Ein seltenes Metall bringt die Lösung

In den 1970er-Jahren untersuchen die Wissenschaftler Luis und Walter Alvarez Bodenproben aus Italien, Dänemark und Neuseeland. Dabei stoßen sie auf etwas, was auf der Erde normalerweise noch seltener vorkommt als Gold oder Platin, dafür aber häufig in Meteoriten: das sogenannte Iridium. Dieses silbrig weiß glänzende Metall ist hart und schwer und an einer ganz bestimmten Stelle zu finden. Dazu muss man wissen, dass die Erde unter unseren Füßen aus verschiedenen Schichten besteht, die sich im Laufe von Millionen Jahren übereinander abgelagert haben. Je tiefer man gräbt oder bohrt, umso älter ist in der Regel der Boden. Genau in der Schicht, die etwa 65 Millionen Jahre alt ist, also aus der Zeit stammt, als die Dinosaurier so plötzlich aussterben, messen die Wissenschaftler auffallend viel Iridium. Und das lässt nur einen Schluss

Luis Walter Alvarez erhielt 1968 den Nobelpreis für Physik.

Thema   **Das Tunguska-Ereignis bleibt ein Rätsel**

Ein lauter Knall in der Ferne, eine heller Feuerball am Horizont: Ein Steinmeteorit von hundert Metern Durchmesser explodiert etwa acht Kilometer über dem Waldboden, so die heutige Theorie. Nur ein paar Bauern sind Zeugen, als am 30. Juni 1908 dieses sonderbare Ereignis

die sibirische Stille stört. Eine halbe Minute später könnte dann die Druckwelle der Explosion das Feuer auf dem Boden gelöscht und die Bäume zum Umstürzen gebracht haben. Millionen von ihnen liegen umgeknickt auf dem Boden.

Was ist Astronomie?
Der Ausdruck Astronomie kommt aus dem Griechischen und heißt so viel wie „Beobachtung der Sterne". Die Astronomie gehört zu den ältesten Wissenschaften der Menschheit, heute lernen wir durch sie die chemischen und physikalischen Gesetze des Universums kennen.

zu: Das seltene Metall muss mit einem Meteoriten aus dem All zur Erde gelangt sein. Das würde auch das plötzliche Ende der Dinosaurier erklären. 1980 stellen Luis und Walter Alvarez diese Theorie ihren Wissenschaftlerkollegen vor.

Inzwischen haben auch andere Forscher aus aller Welt diese ungewöhnlich hohe Konzentration des seltenen Metalls in ihren Bodenproben gefunden. Trotzdem ist noch immer nicht eindeutig geklärt, was gegen Ende der Kreidezeit wirklich geschah. Manche Experten sagen, dass selbst ein riesiger Meteorit wie der von Yucatán nicht das große Artensterben verursacht haben könne. Sie nehmen vielmehr an, dass über einen längeren Zeitraum gleich mehrere Meteoriten auf die Erde getroffen sein müssen oder es zusätzlich zahlreiche starke Vulkanausbrüche gegeben habe. All diese Ereignisse zusammen hätten dann dafür gesorgt, dass es keinen Lebensraum mehr für viele Pflanzen und Tiere gab.

Heutige Teleskopgebäude folgen den Bewegungen des Teleskops.

Die Himmelsgucker

Heute suchen Wissenschaftler mit riesigen Teleskopen das Weltall nach Meteoriten ab, die der Erde gefährlich werden könnten. In der **Astronomie** heißen solche Himmelskörper, die die Erdbahn kreuzen, auch NEOs, das ist eine Abkürzung des englischen Ausdrucks „Near Earth Objects" und bezeichnet „Objekte, die der Erde nahe kommen". Seit 1995 haben die Himmelsgucker fast 5500 Asteroiden entdeckt. Etwa 550 davon maßen einen Kilometer im Durchmesser oder sogar mehr. Die beobachteten Asteroiden und Meteoroiden bekommen eine Bewertung von

0 bis 10 nach der Turiner Skala. Die Skala wurde nach der italienischen Stadt Turin benannt, in der die heute verwendete Version vorgestellt wurde. Eine 0 bedeutet: Keine Gefahr, das Objekt wird die Erde nicht treffen. Stufe 10 aber heißt: Der Himmelskörper wird ganz sicher auf der Erde einschlagen und auf dem ganzen Globus für starke Zerstörungen sorgen. Diese höchste Stufe aber soll nur einmal in 100.000 Jahren vorkommen. Bisher haben die NEOs höchstens die Stufe 1 erreicht. Selbst wenn Meteoriten manchmal für die Menschen gefährlich werden könnten, erfahren die Wissenschaftler durch sie auch viel über unser Sonnensystem. Manche der Gesteinsbrocken sind nämlich älter als die Erde.

Warum die Dinosaurier vor 65 Millionen Jahren ausstarben, konnte bis heute nicht definitiv geklärt werden.

Kalte Zeiten

Die Eiszeit lässt Europa frieren

Um 65.000 v. Chr. in Mitteleuropa

„Da vorne, seht ihr? Ein Mammut!"
„Ja, aber sei leise, sonst hört es dich.
Wir schleichen uns vorsichtig an."
„Nehmt die Speere und bezieht eure
Position. Wir müssen es unbedingt erle-
gen, sonst haben wir im Winter nichts zu
essen. Aber passt auf, es könnte euch
mit den Stoßzähnen erwischen."

„Achtung! Es versucht zu entkommen. Noch ein letzter Speerwurf."
„Es ist erlegt. Ruft die anderen, dass sie
uns beim Zerlegen helfen. Fell, Fleisch,
Stoßzähne – wir brauchen alles,
wenn wir die Kälte überstehen wollen."

„Das Mammut allein wird nicht
reichen. Lasst uns über die Berge
weiter nach Süden wandern, damit
wir nicht in diese schrecklichen
Schneestürme geraten, die jedes
Jahr durch das Tal pfeifen."
„Du hast recht, wir sollten bald auf-
brechen."

Eine Gruppe Neandertaler

Mit scharfkantigen Steinen ziehen die Jäger dem Mammut das Fell ab und zerteilen das Fleisch. Jeder aus der Neandertaler-Sippe bekommt seinen Anteil. Noch ein paar Tage bleiben die Männer und Frauen in ihrem Lager. Sie warten, bis die Haut des Tieres getrocknet ist, die Männer spitzen neue Speere. Dann macht sich die Gruppe auf den Weg, sie müssen sich beeilen. Es ist Herbst, bald ziehen eisige Winde über das Land. Minus 25 Grad Celsius und kälter, das ist vor etwa 67.000 Jahren die normale Wintertemperatur in Mitteleuropa. Dicke Tierfelle schützen den kleinen und stämmigen **Neandertaler**. Seine flache Stirn, die markanten Wulste über den Augen, vermutlich langes, zotteliges Haar, so sahen die Einwohner Europas für viele Jahrtausende aus. Im Süden Frankreichs waren sie ebenso zu Hause wie im heutigen Deutschland.

Wissen *spezial*

Die Geburt des Neandertalers

In einem Steinbruch im Neandertal bei Düsseldorf entdecken 1856 Bauarbeiter seltsame Knochenreste, anfangs hielt man sie für die Überreste eines krankhaft deformierten Menschen. Bald jedoch finden sich in ganz Europa ähnliche Skelette, jetzt ist klar, es handelt sich um einen Urmenschen, den Neandertaler.

So könnten Neandertaler ausgesehen haben (links), scharfe Steine dienten ihnen als Werkzeuge (unten).

Heftige Niederschläge
während der Eiszeit
führten zur Gletscher-
bildung.

Europa im Griff des Eises

Hart und entbehrungsreich ist das Leben in dieser Zeit,
denn seit etwa 115.000 v. Chr. herrscht in weiten Teilen
Europas die Eiszeit mit ihren frostigen Temperaturen: Von
Skandinavien schiebt sich Gletschereis, bis zu mehrere

Hundert Meter dick, bis in das nord-
deutsche Flachland hinein. Im Norden
Europas heißt diese Zeit der Gletscher-
vorstöße auch Weichsel-Eiszeit. In den
Alpen, von wo die Gletscher bis Bayern
gelangen, ist sie benannt nach dem
bayerischen Fluss Würm. Tausende
Jahre dauert dieses Gletscherwandern.

Selbst im Sommer ist
in der Tundra nur die
oberste Schicht des
Bodens frei von Eis.

Langsam, nur wenige Kilometer im Jahr, schieben sich die
Eismassen voran. Eine der kältesten Phasen der Weichsel-
Eiszeit ist etwa 65.000 v. Chr.; ein weiterer Höhepunkt, an
dem die eisigen Massive ihre größte Ausbreitung erlangen,
ist um etwa 19.000 v. Chr. Im Norden reichen sie nun bis

zu den heutigen Städten Hamburg und Berlin, im Süden bis nach München. Auch außerhalb der vereisten Gebiete friert selbst im Sommer die Erde steinhart, sogenannter Permafrostboden verwandelt die Mitte Deutschlands in eine karge Tundra, in der nur niedrige Gräser und Büsche wachsen. Bäume haben hier keine Überlebenschance. Die Neandertaler aber sind die extremen Lebensbedingungen gewöhnt. Immerhin durchstreifen genügend Beutetiere diese eintönige Steppe: Kleinwild und Nagetiere, aber auch Wollhaarmammuts, Wollnashörner und Rentiere. Um nicht zu verhungern, wandern die Neandertaler ihnen hinterher. Heute nehmen Wissenschaftler an, dass die entfernten **Verwandten des Menschen** gute Jäger waren, die mit Tricks und Finten ihre Beute erlegten. Mutig waren sie gewiss, denn mit ihren Speeren, bewehrt mit eigenhändig zurechtgeschlagenen Steinspitzen, mussten sie meist sehr nah ran an die wilden Tiere.

Wissen *spezial*

Ist er ein Verwandter des Menschen?

Lange Zeit diskutieren Wissenschaftler, ob der Neandertaler ein Vorfahr des Homo sapiens, also des Menschen, ist oder nur ein Verwandter. Moderne Genanalysen belegen: Mensch und Neandertaler haben sich unabhängig voneinander entwickelt, ihr gemeinsamer Vorfahr ist vermutlich der Homo erectus.

Warm und kalt im Wechsel

Das, was heute im Allgemeinen als Eiszeit bezeichnet wird, ist nur ein besonders kalter Abschnitt innerhalb eines sogenannten Eiszeitalters, das aktuelle beginnt vor 2,6 Millionen Jahren und hält bis heute an. Innerhalb dieses Eiszeitalters wechseln sich Warmzeiten, auch Interglaziale genannt, und Kaltzeiten, Glaziale, miteinander ab. Während der letzten Kaltzeit, der Weichsel-

Schreckensvision: New York verschwindet in den Eismassen einer neuen Eiszeit.

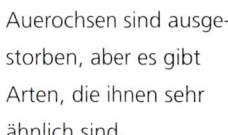

Auerochsen sind ausgestorben, aber es gibt Arten, die ihnen sehr ähnlich sind.

Eiszeit, ist es in Nordeuropa durchschnittlich neun Grad Celsius kälter als heute. Davor, in der Eem-Warmzeit, liegen die Temperaturen sogar zwei bis drei Grad Celsius höher als jetzt: Das sorgt für feuchtwarme Sommer und milde Winter. Bis weit nach Skandinavien hinein ist Westeuropa frei vom Eis und dicht mit Wäldern bewachsen. Mitten in Deutschland leben Flusspferde, Wasserbüffel und Auerochsen im üppigen Gehölz. Diese Eem-Warmzeit, benannt nach einem Fluss in den Niederlanden, dauert nur knapp 13.000 Jahre. Es folgt die Weichsel-Eiszeit, sie dauert länger als 100.000 Jahre. Seit ihrem Ende vor ungefähr 11.500 Jahren leben wir wieder in einer warmen Periode.

Die Eiszeit verändert die Welt

Wasser, das aus den Meeren und Flüssen verdunstet, fällt als Schnee auf die Gletscher und wird dort zu Eis, statt wieder als Regen im Meer zu landen. Die Folge: Während der Kaltzeiten sinkt der Meeresspiegel um fast 130 Meter! Die ostfriesischen Inseln Norderney und Borkum beispielsweise gehören nun zum Festland. Auch die Beringstraße

können Menschen und Tiere zu Fuß überqueren: Die heute 85 Kilometer breite und etwa 50 Meter tiefe Meerenge zwischen Asien und Nordamerika ist während der Eiszeiten eine Landbrücke. So besiedelt der Homo sapiens, der Mensch, den ganzen Globus und kommt, vermutlich um 45.000 v. Chr., auch nach Europa. Der Neandertaler, mit dem sich der Mensch noch einige Zeit den Lebensraum teilt, stirbt noch vor dem Ende der Weichsel-Eiszeit, etwa gegen 30.000 v. Chr., aus.

Die heutige Beringstraße zwischen Sibirien (links) und Alaska (rechts)

Die Eiszeiten haben deutliche Spuren hinterlassen. Denn die Gletscher schieben mit ihren ungeheuren Massen allerlei Gestein über das Land, Findlinge, große Steine, die bis heute von der Kraft des Eises zeugen. Bis in das 17. Jahrhundert hinein aber glauben die Menschen, dass die riesigen Gesteinsbrocken, die durch ihr Aussehen und ihre Art so gar nicht zur restlichen Umgebung passen, von Riesen oder durch eine göttliche Kraft an ihren Fundort gelangt sein müssen. Auch die seltsamen Skelette, sie könnten wohl von

Schon Neandertaler haben Musik gemacht.

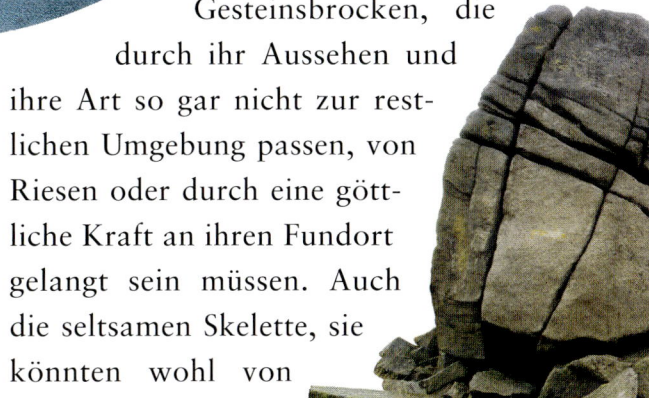

Findlinge sind noch heute vielerorts zu sehen.

Mammuts hatten gigantische Stoßzähne.

Elefanten sein, haben doch eigentlich nichts in Europa zu suchen. Vielleicht sind sie die Überreste von afrikanischen Elefanten, die die Römer in der Antike mit nach Europa bringen, um auch hier ihre Zirkusspiele zu veranstalten? Und die Stoßzähne der Mammuts werden nicht selten für das Horn eines Einhorns gehalten. In den 1830er-Jahren schließlich stellt der Naturforscher Karl Friedrich Schimper (1803–1867) seine Idee vor, es habe einen „Weltwinter" gegeben, und spricht erstmals von einer Eiszeit. Es dauert aber noch einige Jahrzehnte, bis sich die Theorie endgültig in der Wissenschaft durchsetzt.

Thema | **Höhlen als Zeugnis der Vergangenheit**

In Höhlen finden Wissenschaftler immer wieder Zeugnisse menschlichen Lebens in der Steinzeit. Geschützt vor der Witterung überdauern hier Knochen, Alltagsgegenstände und Wandmalereien die Jahrtausende. Einer der bekanntesten Fundorte ist die 1940 in Frankreich entdeckte Höhle von

Lascaux: Die steinzeitlichen Zeichnungen von Pferden, Rindern und Hirschen sind vermutlich an die 19.000 Jahre alt und heute weltberühmt. Die Höhle von Altamira im Norden Spaniens ist nicht ganz so alt, doch auch sie gilt heute als Weltkulturerbe.

Unser Wissen über die Eiszeit

Heute sind die Klimaveränderungen der Vergangenheit, die ständigen Wechsel zwischen warmen und kalten Phasen, ein aufregendes Thema für Forscher weltweit. Denn auch in Zukunft könnten sich die Temperaturen allmählich verändern. Um herauszufinden, wann und wie oft sich das Klima gewandelt hat, untersuchen **Geologen** verschiedene Bodenschichten. Im ewigen Eis, den jahrtausendealten Gletschern Grönlands und der Antarktis, sind oftmals kleinste Teilchen aus der Atmosphäre und Luftblasen aus früheren Epochen eingeschlossen. Ihre chemische Zusammensetzung sagt uns etwas über das Klima damals. Auch in **Höhlen** finden sich oft Zeugnisse der steinzeitlichen Bewohner. Die Überreste von Menschen, Neandertalern oder auch Tieren verraten spannende Details aus der Vergangenheit: Wann haben sie gelebt? Wovon haben sie sich ernährt? Woran sind sie gestorben? Eine Sensation ist der Fund, den Arbeiter 1977 in den Minen von Magadan machen: Hier, im äußersten Osten Russlands, graben sie auf der Suche nach Gold tonnenweise Sand und Kies um. Plötzlich lugt etwas Dunkles aus der Erde. Nach und nach kommt es zum Vorschein: ein Mammutkalb, vollständig erhalten, mitsamt der ledrigen Haut und sogar noch ein paar zotteligen Fellresten am Fuß. Dima, unter diesem Namen wird der kleine Mammutbulle später weltberühmt, ist ganz ausgemergelt, Parasiten haben seinen Körper geschwächt. Er wird nur etwa ein Dreivierteljahr alt und einen Meter groß. Dima stirbt vor etwa 40.000 Jahren.

Wissen *spezial*

Was ist Geologie?
Der Begriff setzt sich aus dem altgriechischen „geo", dt.: Erde, und „logos", dt.: Sinn, zusammen. Geologen untersuchen den Aufbau und die Zusammensetzung der Erde. Anhand von Gesteinsproben enträtseln sie so die Entwicklungsgeschichte der Erde.

Der Fund des Mammutkalbs Dima war eine Sensation.

Vulkane – die heiße Bedrohung

Der Vesuv zerstört Pompeji

79 n. Chr. am Golf von Neapel

„Pomponianus, ich bin hierhergesegelt, um mir das wundersame Schauspiel aus der Nähe anzusehen. Aus der Ferne sah ich nur eine merkwürdige Wolke am Horizont."

„Plinius, mein Freund, du begibst dich in Gefahr! Über den Landweg können wir schon nicht mehr fliehen, dort speit der Vesuv heiße Asche und Feuer. Und vom Wasser her weht ein starker Gegenwind, mit dem Boot werden wir auch nicht mehr entkommen!"

„Sorge dich nicht, so schlimm wird es schon nicht werden. Es ist bestimmt nicht der Berg selbst, der brennt, sondern nur ein paar alte Hütten am Hang. Vielleicht sind ihre Bewohner schnell geflohen und haben das Feuer auf dem Herd nicht gelöscht. Aber gefährlich sind diese Feuer nicht. Komm, lass uns ausruhen, die Nacht ist schon da."

Plinius der Ältere beruhigt seinen Freund Pomponianus

Gaius Plinius Secundus Maior (23–79 n. Chr.), auch Plinius der Ältere genannt, ist ein römischer Gelehrter. Er erforscht die Natur und ist eigentlich ein weiser Mann, aber heute irrt er sich gewaltig! Er und die Menschen am Golf von Neapel schweben in großer Gefahr: Als Plinius aus der Nachtruhe erwacht, bedeckt bereits eine dicke Schicht Asche und Bimsstein den Boden im Hof. Pomponianus und Plinius beraten, ob sie lieber im Haus oder im Freien Schutz suchen sollten. Keine einfache Entscheidung, denn immer wieder bringen heftige Erdstöße die Mauern der Häuser zum Wackeln. Draußen hingegen fallen Bimssteinstücke auf die Menschen herab. Plinius und die anderen versuchen, sich mit Kissen und Decken zu schützen, und laufen zum Strand. Es ist finster, dabei ist es doch schon längst Tag, aber Staub und Asche verdunkeln den Himmel. Und noch immer ist das Meer rau und der Wind steht ungünstig – eine Flucht mit dem Boot ist unmöglich.

Vulkanausbrüche zählen zu den wichtigsten Faktoren, die das Klimasystem beeinflussen.

Dort, wo einst Pompeji war, sind heute nur noch Ruinen zu sehen. Im Hintergrund der Vesuv.

[Image of ancient Pompeii street scene]

Bis zum Ausbruch des Vesuvs blühten in Pompeji das gesellschaftliche Leben und der Handel.

Mit einem Mal scheint die Luft in Flammen zu stehen, Schwefelgeruch weht über den Strand. Ein dichter, beißender Qualm raubt Plinius den Atem. Eben bat er noch um ein Glas Wasser, jetzt bricht er tot zusammen.

Ein überraschender Ausbruch

Das schreckliche Schicksal von Plinius dem Älteren und zahllosen anderen Bewohnern der Region hatte niemand geahnt: Seit Generationen leben die Menschen am Fuße des **Vulkans** und noch nie mussten sie sich vor dem Vesuv fürchten. Seit Menschengedenken ist kein Donnergrollen, kein Fünkchen heißer Luft dem Berg entwichen. In dieser so ruhigen, schönen Gegend mit dem milden Klima sind die Böden fruchtbar, in den Gärten wächst herrliches Obst, auf den Feldern goldenes Getreide. Die Stadt Pompeji, die größte hier in der Bucht, ist schon seit etwa

Plinius der Ältere

700 v. Chr. besiedelt, jetzt gehört sie mit ihren etwa 10.000 Einwohnern zum riesigen Römischen Reich. Die Einwohner handeln mit Wein und Öl und machen dabei gute Geschäfte. Viele sind wohlhabend.

Der Vesuv liegt nur fünf Kilometer von Pompeji entfernt. Er gehört zu einer langen Kette von Vulkanen, die sich über mehrere Hundert Kilometer an der italienischen Südwestküste entlangzieht. Die Menschen halten den Vesuv eigentlich für ungefährlich, jahrhundertelang war er nicht mehr aktiv. Am 24. August des Jahres 79 aber hält der Pfropfen, der bisher den Schlot des Vulkans verschließt, dem Druck aus der Tiefe nicht mehr stand. Mit einer ungeheuren Wucht sucht sich das Erdinnere den Weg nach draußen. Asche und Gestein schießen in mehreren gewaltigen Stößen hoch in den Himmel und hageln auf Pompeji herunter. Die Stadt versinkt meterhoch unter dem vulkanischen Gestein und Staub. Innerhalb weniger Stunden sterben 2000 Menschen. Auch die Nachbarorte Herculaneum und Stabiae, wo Plinius und Pomponianus sich aufhalten, werden durch den Vulkanausbruch vollständig zerstört.

Ein Blick von oben in den Krater des Vesuvs ist beeindruckend.

28

Eine Fundgrube für Archäologen

Bis in das 17. Jahrhundert gerät Pompeji in Vergessenheit. Dann aber finden Bauarbeiter und Wissenschaftler immer wieder Münzen, Schmuck und sogar Statuen in der Erde. Im 18. Jahrhundert beginnen die offiziellen Ausgrabungen. In dieser Epoche interessieren sich auch Künstler und Gelehrte für die Überreste aus der **Antike**. Bis heute erkunden **Archäologen** aus aller Welt das Gebiet. Für sie ist der Ort etwas ganz Besonderes, denn der plötzliche Ausbruch hat die Stadt mit einer dicken Schicht Asche überzogen und die Menschen mitten in ihrer Flucht unter sich erstickt. Von den Toten sind nur ein paar Knochen übrig geblieben. Ihre Körper aber haben einen Hohlraum in der gehärteten Asche hinterlassen. Wenn die Wissenschaftler diesen Hohlraum mit Gips ausgießen,

Thema **Die Antike als Vorbild**

Im 18. und 19. Jahrhundert wird es in Europa zur Mode, sich mit der Architektur, Kunst und Philosophie der alten Römer und Griechen zu beschäftigen. Gelehrte und Künstler nehmen sich die Antike zum Vorbild für ihre eigene Arbeit.

Die Ausgrabungen in Pompeji, wo man unzählige antike Vasen und Mosaike, ja Häuser und Straßen einer ganzen Stadt aus dem Boden freischaufelt, wird so zu einem beliebten Ausflugsziel für den Dichter Johann Wolfgang von Goethe oder auch den Komponisten Wolfgang Amadeus Mozart.

entsteht wieder die Figur eines Menschen. So sieht man, welche Körperhaltung die Pompejianer in den letzten Sekunden ihres Lebens hatten. Manche rafften noch ihren Schmuck zusammen, andere kauerten sich in eine Ecke und hielten sich schützend die Arme über den Kopf. In der harten Ascheschicht sind auch Gegenstände des täglichen Lebens eingeschlossen: Geschirr, Werkzeug, Möbel. Diese Alltagsgegenstände, die normalerweise nur selten die Jahrhunderte überdauern, zeigen uns heute, wie die Menschen in dieser Gegend des Römischen Reiches gelebt haben.

Viele Bewohner Pompejis überlebten den Ausbruch des Vulkans nicht.

Weltweit brodelt es unter der Erde

Der letzte größere Ausbruch des Vesuvs fand 1944 statt, damals starben 26 Menschen und viele Häuser wurden zerstört. Seither ist der Vulkan in einer Ruhephase, doch tief unten brodelt die Erde weiter, ebenso wie bei den anderen, weltweit mehr als 500 aktiven Vulkanen. Die meisten von ihnen sind durch die Bewegungen der **Erdplatten** an deren Rändern entstanden. Der Vesuv zum Beispiel liegt an einer Stelle, wo die Eurasische Erdplatte im Norden auf die Afrikanische beziehungsweise die Arabische Platte im Süden trifft.

Wie gefährlich ein Vulkan ist, hängt von verschiedenen Einflüssen ab. Bei sogenannten Schildvulkanen, sie haben eher flache Hänge und eine weite Ausdehnung, ist das Magma, das aus dem Erdinneren glühend nach oben steigt, dünnflüssig. Die Lava, so heißt das Magma außerhalb des

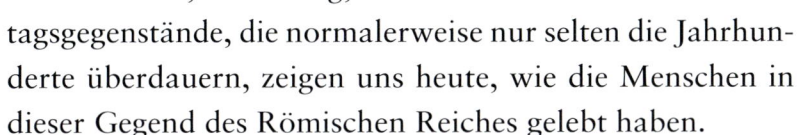

Die Asche raubte den Menschen den Atem und ließ sie ohnmächtig werden.

Unaufhaltsam wälzt sich der glühende Lavastrom den Berg hinunter.

Vulkans, läuft einfach an den Seiten des Berges hinunter. Wirklich gefährlich aber wird es, wenn das Magma besonders zähflüssig und gashaltig ist. Das ist bei den sogenannten Schichtvulkanen der Fall. An ihren sehr steilen Hängen lagern sich in abwechselnden Schichten Asche und Lava ab, daher auch ihr Name. Bei ihnen verstopft dickflüssiges Magma den Vulkanschlot, das Gas aus dem Inneren kann nicht mehr entweichen. Irgendwann wird der Druck so groß, dass der Schlot mit einer Explosion freigeschossen wird.

Bevor das Magma aus dem Vulkan austritt, muss es einen weiten Weg zurücklegen.

Der Untergang von Saint-Pierre

Auf diese Weise bricht im Frühjahr 1902 auch der Mont Pelée aus, ein Schichtvulkan auf der Karibikinsel Martinique. Schon seit Mitte April speit der Vulkan Asche und schwefelhaltigen Qualm aus, sodass die Vögel, die in seine Nähe kommen, tot vom Himmel fallen. **Schlammlawinen** stürzen den Berg hinunter, begraben Menschen unter sich, verschmutzen das Wasser der Flüsse und verwüsten die Felder. Am 8. Mai schließlich, morgens um zehn vor acht, bricht der Pelée mit mehreren heftigen

Eruptionen aus und vernichtet die Stadt Saint-Pierre mit all ihren Einwohnern. Die wenigen Augenzeugen, die das Inferno aus sicherer Entfernung beobachten, berichten Unglaubliches: Staub, Gase, vulkanisches Material, eine riesige Wolke, bis zu 1000 Grad Celsius heiß, wälzt sich in einem Tempo von mehr als 400 Kilometern pro Stunde rasend schnell auf die Stadt zu. Dabei überwindet sie Hügel und Täler. Die Druckwelle bläst Häuser und tonnenschwere Statuen um, reißt den Menschen die Kleider vom Leib, versenkt fast alle Schiffe im Hafen. Gleichzeitig verdunkelt eine dicke Staubwolke den Himmel. Etwa 30.000 Menschen sterben innerhalb weniger Minuten.

Der französische Geologe Alfred Lacroix (1863–1948) untersucht noch im selben Jahr die Katastrophe von Saint Pierre und prägt einen Fachausdruck für die rasende Glutlawine: pyroklastischer Strom, ein gefährliches Gemisch aus Gesteinsbrocken, Magma, Asche und Gasen, das sich den Hang eines Vulkans hinunterstürzt. Heute glauben viele Wissenschaftler, dass eine solche Glutlawine auch Pompeji zerstört hat.

In Gestalt einer Frau reicht Frankreich der Insel Martinique die Hand zur Hilfe.

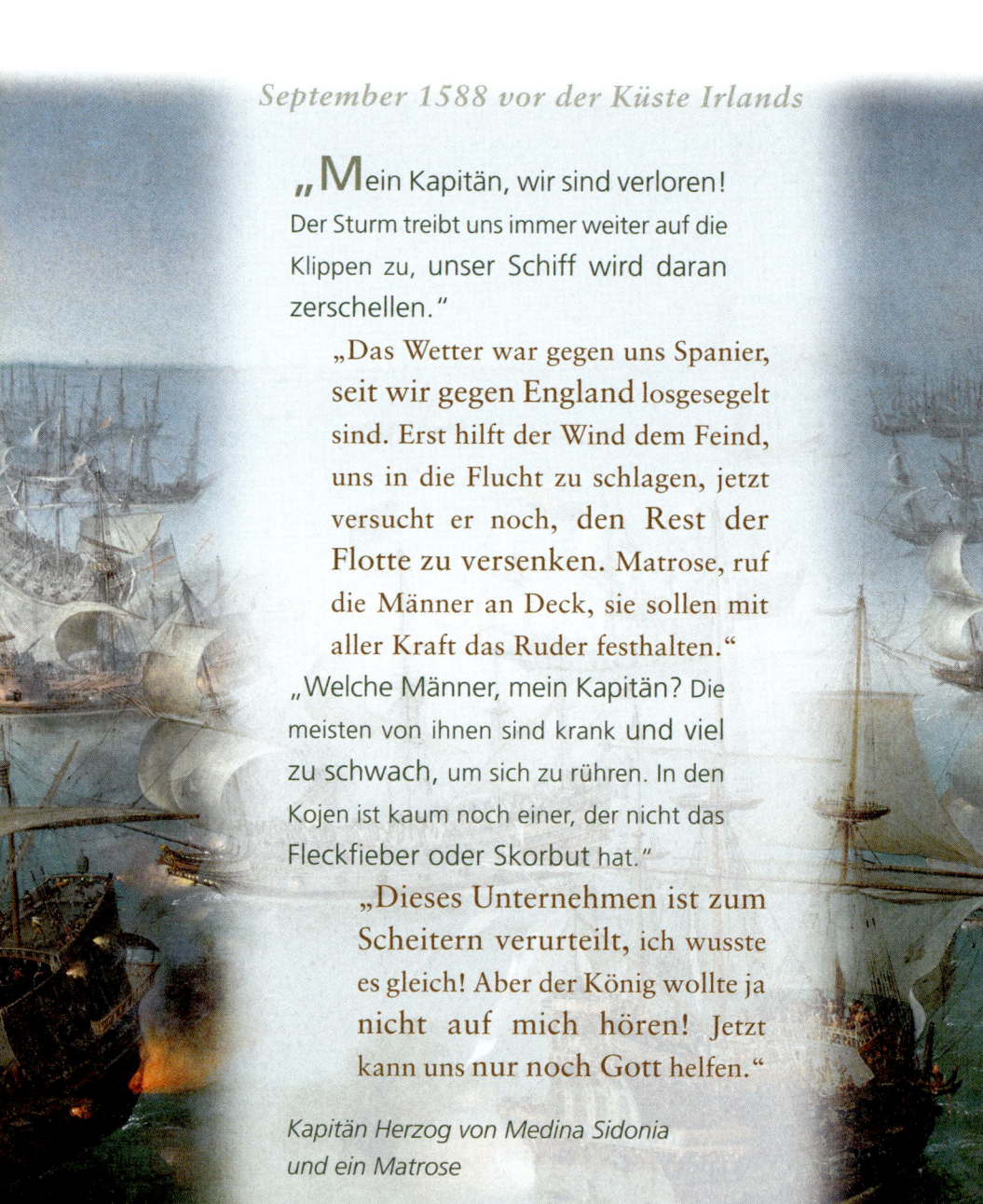

Sturm auf hoher See

Orkane vernichten die spanische Armada

September 1588 vor der Küste Irlands

„Mein Kapitän, wir sind verloren! Der Sturm treibt uns immer weiter auf die Klippen zu, unser Schiff wird daran zerschellen."

„Das Wetter war gegen uns Spanier, seit wir gegen England losgesegelt sind. Erst hilft der Wind dem Feind, uns in die Flucht zu schlagen, jetzt versucht er noch, den Rest der Flotte zu versenken. Matrose, ruf die Männer an Deck, sie sollen mit aller Kraft das Ruder festhalten."

„Welche Männer, mein Kapitän? Die meisten von ihnen sind krank und viel zu schwach, um sich zu rühren. In den Kojen ist kaum noch einer, der nicht das Fleckfieber oder Skorbut hat."

„Dieses Unternehmen ist zum Scheitern verurteilt, ich wusste es gleich! Aber der König wollte ja nicht auf mich hören! Jetzt kann uns nur noch Gott helfen."

Kapitän Herzog von Medina Sidonia
und ein Matrose

Alonso Pérez de Guzmán (1550–1619), besser bekannt als Herzog von Medina Sidonia, ist im Jahr 1588 Oberbefehlshaber der spanischen **Armada**. Hilflos muss er zusehen, wie der Sturm die Segel seines Schiffes zerfetzt. Die anderen Galeonen seiner einstmals stolzen Flotte hat er längst aus den Augen verloren, einige dieser riesigen Kriegsschiffe sind bereits an den Klippen der irischen Küste zerschellt. Manchmal glaubt er noch ein fernes Schreien zu hören, aber er kann nicht sagen, ob das seine ertrinkenden Landsleute sind oder nur das schrille Pfeifen des Orkans. Die Sicht ist schlecht, durch die Gischt der riesigen Wellen kann der Herzog nicht erkennen, wie die meisten seiner Landsleute im aufgebäumten Nordatlantik von ihren Schiffen ins Meer stürzen. Wie sie verzweifelt versuchen, sich an den Schiffstrümmern festzuhalten, um durch die wilde See noch an Land zu kommen und schließlich doch in den Fluten ertrinken. Sein Vorhaben, England zu erobern, ist kläglich gescheitert.

> **Wissen** *spezial*
>
> **Was ist eine Armada?**
> Armada, spanisch für „bewaffnet", ist ursprünglich der Name der spanischen Kriegsmarine. Heute spricht man manchmal auch von einer Armada, wenn eine große Menschengruppe gemeint ist, etwa wenn ein Popstar mit einer „Armada von Assistenten" auf Reisen ist.

Was wollen die Spanier in England?

Spanien besitzt in der zweiten Hälfte des 16. Jahrhunderts viele Ländereien und ist das mächtigste Land der Welt. Doch der spanische König Philipp II. (1527–1598) liegt mit dem bisher nicht besonders bedeutenden England im Streit. Grund dafür ist die englische Königin Elisabeth I. (1533–1603), die Philipps Feinde unterstützt. Aufständische etwa, die in dem zu Spanien gehörenden Teil Hollands gegen Philipps Soldaten kämpfen.

Einige Feinde Philipps wurden von Elisabeth sogar geadelt.

Philipp II.

Zudem hält Elisabeth ihre schützende Hand über **Freibeuter**, die immer wieder spanische Galeonen, reich beladen mit Gold und Silber, aus Amerika überfallen. Jetzt will er England mit mehr als hundert Schiffen erobern. Im Frühjahr 1586 beginnt Philipp mit den Vorbereitungen, lässt Munition herstellen und große Waldflächen roden, um neue Schiffe zu bauen, alte auszubessern und Tausende Vorratsfässer für Wasser und Lebensmittel zu zimmern. Zwei Jahre dauern die Arbeiten, dann ist die spanische Armada startbereit. Medina Sidonia begibt sich mit fast 30.000 Männern und 130 Schiffen auf die gefährliche Mission, Ende Juli 1588 verlassen sie den nordspanischen Hafen La Coruña.

Wissen spezial

Was ist ein Freibeuter?
Freibeuter ist ein anderes Wort für Seeräuber oder Pirat. Zwischen dem 16. und 18. Jahrhundert raubten sie vor allem in der Karibik und vor Südamerika, oft im Auftrag der Herrscher ihres Herkunftslandes, die Handelsschiffe anderer Nationen aus.

Ein Sturm kommt auf

Doch der starke Wind im Ärmelkanal zwischen England und Frankreich erschwert den Spaniern die Reise: Er bläst aus Westen, dick plustern sich die stolzen Segel auf. Die Schiffe segeln schnell, viel zu schnell! Medina Sidonia will an der holländischen Küste weitere Soldaten an Bord nehmen, doch diese stehen noch gar nicht bereit. Also muss der Herzog sich gedulden. Notgedrungen geht die Armada vor der französischen Hafen-

Kompass des Seefahrers
Sir Francis Drake

stadt Calais vor Anker. Für die Engländer, angeführt von Lord Charles Howard und dem Piraten Francis Drake, eine ausgezeichnete Gelegenheit, ihre Widersacher anzugreifen. Ihnen kommt der starke Wind gerade recht. Die Windrichtung stimmt auch! So wenden sie einen Trick an: Sie bepacken ein paar kleinere Schiffe randvoll mit Munition und brennbarem Material, zünden sie an und lassen sie mit dem Wind und der Strömung auf die Armada zutreiben. Die spanischen Matrosen geraten in Panik. Die brennenden Boote kommen unaufhaltsam näher und drohen jederzeit zu explodieren. Kopflos läuft der Großteil der Matrosen über Deck, alles brüllt durcheinander. Die Seeleute kappen die Ankertaue, ohne ihre Segel vorher ausgerichtet zu haben. Kurze Zeit darauf treiben sie manövrierunfähig auf dem Wasser. Die spanischen Galeonen sehen zwar prächtig aus, sind aber im Wind nicht besonders gut zu manövrieren, im Gegensatz zu den kleinen wendigen Schiffen der Engländer. Jetzt greifen die Engländer erneut an. Es folgt die berühmte Seeschlacht von Gravelines, in der Howard und Drake die Truppen Medina Sidonias vernichtend schlagen.

Der Gewalt des stürmischen Meeres ist wenig entgegenzusetzen.

An England, Schottland und Irland vorbei versucht Medina Sidonia seine Armada in Sicherheit zu bringen.

Orkane besiegen die Armada

Am Ende sind die spanischen Schiffe schwer beschädigt, Tausende Soldaten verletzt oder gar tot. Medina Sidonia berät sich mit den anderen Kapitänen seiner Flotte: Sie wollen retten, was zu retten ist, und beschließen, durch die Nordsee zu fliehen. Um Schottland und Irland herum hoffen sie den Atlantischen Ozean zu erreichen und nach Hause zu gelangen. Bis zur Nordspitze Schottlands bleiben die Armada-Schiffe noch beisammen, doch von da an toben gleich mehrere Orkane über sie hinweg. Diese Stürme der **Windstärke** 12 entstehen vor allem im Herbst und Winter im Norden des Atlantiks, wenn die noch warme Luft aus dem Süden mit der kälter werdenden Luft aus dem Norden zusammenstößt. Die beiden Luftschichten vermi-

schen sich nicht einfach, sondern strömen im Kreis umeinander herum. Ein großer Wirbel entsteht. Je größer der Temperaturunterschied der beiden Luftschichten anfangs war, umso schneller dreht sich nun der Wirbel. Die Orkane können dabei eine Geschwindigkeit von mehr als 117 Kilometern pro Stunde erreichen. Über 20 Meter, so hoch wie ein siebenstöckiges Haus, türmen sich dann die Wellen auf dem Ozean. Meist entstehen Orkane über dem offenen Meer. Wenn sie aber auf Küsten treffen und weiter über das Festland ziehen, richten sie oft gewaltigen **Schaden** an.

Orkanböen gefährden nicht nur Menschen, auch Gebäuden können sie schwer zusetzen.

Selbst für moderne Schiffe ist ein Orkan eine gefährliche Sache. Für die bereits durch die Kämpfe ramponierten Segelschiffe der spanischen Armada aber bedeuten die Stür-

---

Thema **Orkan Lothar sorgt für großen Schaden**

Bis heute verwüsten Orkane immer wieder Landstriche in Mitteleuropa. Einer der schlimmsten Stürme, Orkan Lothar, entsteht Weihnachten 1999 über dem Golf von Biscaya und fegt über Nordfrankreich, die Schweiz, Süddeutschland und Österreich hinweg – mit einer Geschwindigkeit bis

zu 272 Kilometern pro Stunde. Zigmillionen Bäume brechen wie Streichhölzer einfach ab, mehr als hundert Menschen sterben bei dem Unwetter. Lothar verursacht Schäden im Wert von mehreren Milliarden Euro.

Bei stürmischer See sollte man die Küste meiden.

me den Untergang. Medina Sidonia und seine Leute kämpfen auf den nassen und rutschigen Planken ihrer Schiffe ums nackte Überleben. Die Matrosen können der Naturgewalt wenig entgegensetzen. Sie sind durch den Kampf gegen die Engländer geschwächt, verletzt oder leiden an **Skorbut** und anderen schweren Krankheiten. Schon seit Wochen gibt es kaum noch Trinkwasser und Lebensmittel an Bord. Manche Galeonen versinken in der stürmischen See, andere werden gegen die Küste geworfen und zerschellen. Schaffen es die Schiffbrüchigen an Land, können sie kaum mit Hilfe rechnen: Irland und Schottland gehören zum englischen Feindesland. Die meisten der gestrandeten Spanier werden ausgeraubt und ermordet.

Doch genau jetzt hat Medina Sidonia zum ersten Mal etwas Glück. Er übersteht die Höllenfahrt und fährt am 23. September 1588 in den spanischen Hafen Santander ein. Krank und vollkommen entkräftet, kann er kaum noch aufrecht sitzen, als ihn seine Landsleute mit einem Beiboot an Land bringen. Im Laufe der nächsten Wochen kommen nach und nach weitere Galeonen der Spanier zurück in die Heimat, insgesamt 66 Schiffe, weniger als die Hälfte der einstmals stolzen Flotte. König Philipp ist erschüttert. „Ich habe meine Schiffe zum Kampf gegen Menschen ausgesandt, nicht gegen die Winde Gottes", sollen seine Worte gewesen sein, als er vom Untergang seiner Truppen hört. Auch die Engländer glauben, Gott habe ihnen im Kampf die Winde zu Hilfe gesandt. Es wird eine Gedenkmünze mit der Aufschrift „Gott atmete, und sie wurden zerstreut"

Im Kampf verlor die spanische Armada mehr als die Hälfte ihrer Schiffe (links). Daran erinnert eine Gedenkmünze (oben).

geprägt. Der Untergang der spanischen Armada ist der Anfang vom Ende der spanischen Weltherrschaft. Die Engländer haben ihr Land erfolgreich verteidigt, gewinnen an Selbstbewusstsein und werden in ein paar Jahrzehnten eine der stärksten Weltmächte sein.

Europa ist **erschüttert**

Das Beben von Lissabon

1. November 1755 in Lissabon

„Herr Minister, was sollen wir tun? Unsere Stadt ist ein einziger Schutthaufen, kein Stein steht mehr auf dem anderen. Die Menschen irren völlig verzweifelt durch die Straßen, sie haben kein Dach über dem Kopf, nichts zu essen. Ihre Angehörigen sind tot, die Leichen liegen zu Tausenden in den Gassen oder begraben unter den Trümmern unserer einstmals so prachtvollen Stadt."

„Wir müssen jetzt einen ruhigen Kopf bewahren und schnell handeln. Schickt Truppen aus, sie sollen die Feuer löschen, den Schutt wegräumen und dafür sorgen, dass keine Plünderer durch die Ruinen stöbern. Dann beerdigt die Toten und gebt den Lebenden etwas zu essen."
„Jawohl, Senhor."
„Möge dieses Erdbeben nicht das Ende unserer Stadt bedeuten. Lissabon soll wieder erblühen!"

Minister Sebastião José de Carvalho e Melo und ein Untergebener

 Lissabon, die damals viertgrößte Stadt Europas und Zentrum der einstigen Weltmacht **Portugal**, ist am späten Vormittag des 1. Novembers 1755 ein einziger Trümmerhaufen. Vor ein paar Stunden noch war die Metropole eine der schönsten der Welt, eine Perle der Architektur und der Kunst. Dutzende Kirchen und Kathedralen, Königspaläste und Adelshäuser säumen die Straßen der Hauptstadt mit ihren 280.000 Einwohnern. Es ist Allerheiligen, ein wichtiger kirchlicher Feiertag in dieser Stadt mit vor allem katholischer Bevölkerung. Viele Lissabonner sind in den Kirchen beim Gottesdienst, als ohne jede Vorwarnung um neun Uhr 20 morgens ein gewaltiges Erdbeben den Boden erschüttert. Ein zweites und drittes Beben folgen kurz darauf. Die Wände der Häuser wackeln, von den meterhohen Decken der Gotteshäuser und Paläste lösen sich dicke Steine und Balken und fallen auf die Menschen herab.

Die Weltmacht Portugal
Im 16. Jahrhundert ist Portugal mit seinen zahlreichen Kolonien das wohl reichste und mächtigste Land der Welt, zwischen 1580 und 1640 aber übernehmen die Spanier die Herrschaft. 1755 ist Portugal wieder unabhängig, doch England, Frankreich und Spanien sind nun mächtiger.

Das Erdbeben zerstörte einen Großteil von Lissabon und lässt die Menschen verzweifeln.

Heute ist Lissabon wieder eine prachtvolle Metropole.

Was der zitternde Boden nicht zum Einsturz bringt, vernichtet das Feuer. Zahlreiche Brände wüten in der Stadt, weil Kaminfeuer und Kerzen die hölzernen Trümmer der Häuser entflammen. Das mondäne Opernhaus, erst vor wenigen Monaten fertiggestellt, brennt völlig nieder. Drei Erdstöße im Abstand einiger Minuten, das ist nur der Auftakt des Infernos. Es kommt noch schlimmer. Ausgelöst durch das unterirdische Beben hat sich auf dem Meer ein starker Wellengang entwickelt. Etwa 20 Minuten nach den Beben rollt eine Flutwelle auf die Stadt zu, die an ihrer höchsten Stelle bis zu sechs Meter misst. Viele Feuer werden zwar nun gelöscht, doch die Wassermassen ertränken Menschen und Tiere und reißen alles mit sich. Der königliche Palast und mit ihm die Staatsbibliothek mit ihren Abertausenden Büchern, darunter wertvolle Schriften des Weltumseglers Vasco da

Vasco da Gama entdeckte den Seeweg nach Indien.

Gama aus dem 16. Jahrhundert, sind endgültig verloren. Selbst der neue Kai aus feinstem Marmor verschwindet in den Fluten. Mehr als drei Viertel der Stadt werden zerstört, Zigtausende von Menschen sterben. Wie viele es genau sind, ist bis heute nicht geklärt. Manche vermuten 10.000, andere Schätzungen gehen sogar von 90.000 Toten aus. Auch in anderen Ländern, die an das Mittelmeer grenzen, wie dem nordafrikanischen Marokko, kommen viele Menschen um. In Spanien und Frankreich zittert die Erde noch spürbar, selbst in Skandinavien seien Bäume durch die Erschütterungen umgestürzt. Aus England und Schottland wird berichtet, nicht nur an der Küste, sondern sogar in Seen im Binnenland sei das Wasser durch die Erdbewegung plötzlich angestiegen und wieder abgesunken.

Räumt die Stadt auf!

In der Krise reagiert Minister Sebastião José de Carvalho e Melo (1699–1782), auch Marquês de Pombal genannt, ruhig und schnell. „Beerdigt die Toten und ernährt die

In Lissabon brennt es, das aufgewühlte Meer überflutet die Stadt und richtet sie zugrunde.

LISABONA

Wissen *spezial*

Was bedeutet verwesen?
Bakterien und Pilze bauen im Zusammenspiel mit Sauerstoff die Zellen eines toten Körpers ab, das nennt sich Verwesung. Das Innere einer Leiche hingegen verfault. Dabei entstehen Ptomaine, auch Leichengift genannt, sie sind für den üblen Geruch eines verwesenden Körpers verantwortlich.

Lebenden", sollen seine Worte gewesen sein, als er auf das zerstörte Lissabon blickte. Die Toten werden entgegen den Vorschriften der Kirche auf See bestattet, das geht schneller, als sie an Land zu vergraben. Würden die Leichen einfach herumliegen und **verwesen**, könnten sich Bakterien bilden, die das Grundwasser verseuchen und Krankheiten auslösen. Der Minister verdonnert die Überlebenden zum Mithelfen: Brände löschen, Leichen bergen, Schutt wegräumen. Um Plünderer abzuschrecken, lässt er für alle sichtbar Galgen in der Stadt aufstellen. Mehr als 30 Menschen sollen hingerichtet worden sein, weil sie sich am Hab und Gut anderer vergriffen haben. Pombals Anordnungen sind sehr streng, wie ein Diktator schränkt er die Freiheit der Bürger ein. Doch zugleich sorgt er dafür, dass die Stadt schnell und vor allem nach modernen Plänen wieder aufgebaut wird: mit breiteren Straßen und stabiler konstruierten Häusern, die einem möglichen nächsten Erdbeben standhalten sollen. Einige Jahre später wird Pombal sogar zum Regenten von Portugal und für seine Verdienste von König José I. geadelt.

Doch zunächst versucht der Minister, möglichst viel über das Erdbeben zu erfahren. In einer großen Umfrage sollen Überlebende von ihren Beobachtungen berichten: Wie lange dauerte das Beben, wie viele Nachbeben gab es? Wie sahen die Schäden an den Gebäuden aus? Die Antworten sind erhalten geblieben und erlauben heutigen Wissenschaftlern, nachzuvollziehen, was genau damals passiert ist.

Sebastião José de Carvalho e Melo

Wenn die Erde ins Wanken gerät

Ähnlich wie Vulkane entstehen Erdbeben vor allem an den Rändern der sich ständig bewegenden Erdplatten. Meistens liegen diese Bruchstellen zwischen den Platten unter Wasser, am Grund der Ozeane und Meere. Manchmal aber sieht man diese Bruchstellen in der Erdoberfläche auch an Land, wie beispielsweise den **San-Andreas-Graben** an der Westküste der USA. Durch die Kraft, mit der die Platten aufeinandertreffen, entsteht eine Spannung in der Erde. Sie baut sich im Laufe mehrerer Monate oder gar Jahre auf und kann sich urplötzlich entladen. Dann bewegen sich die Platten, die vielleicht nur ein paar Zentimeter im Jahr vorankommen, gleich einige Meter weiter. Der Ort dieser Spannungsentladung kann tief in der Erde liegen. Der Punkt an der Erdoberfläche, der genau über

Auch Taiwan liegt am Berührungspunkt zweier Erdplatten.

Thema **Der San-Andreas-Graben**

Der San-Andreas-Graben bildet seit Millionen von Jahren die Grenze zwischen der Pazifischen und der Nordamerikanischen Erdplatte. Er verläuft über eine Strecke von mehr als 1000 Kilometern von Mexiko bis nach San Francisco und teilt den US-Bundesstaat Kalifornien in zwei Hälften. Immer wieder bebt hier die Erde. Am 18. April 1906 erschüttert ein Erdbeben der Stärke 7,8 die Stadt San Francisco, 3000 Menschen kommen ums Leben. Auch in Zukunft müssen die Menschen hier mit starken Beben rechnen. Wann genau es dazu kommen wird, weiß jedoch niemand.

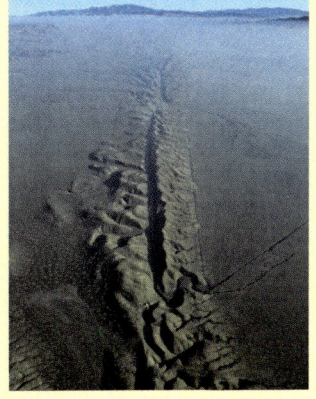

Erdbeben zerstören ganze Straßen.

diesem eigentlichen Erdbebenherd liegt, heißt Epizentrum. Hier sind die Erschütterungen und auch die Schäden an Gebäuden sowie Straßen am stärksten. In Stoßwellen bewegen sie sich vom Epizentrum weg und können selbst Hunderte Kilometer entfernt noch zu spüren sein. Wissenschaftler schätzen, dass jedes Jahr weltweit bis zu einer halben Million Erdbeben mit modernen **Seismografen** messbar sind. Aber nur etwa hundert Beben sind stark genug, um viele Menschen ernsthaft zu gefährden und große Schäden anzurichten. Die Stärke von Erdbeben wird heute in **Magnituden** angegeben, häufig in der nach dem amerikanischen Erdbebenforscher Charles Francis Richter (1900–1985) benannten Skala. Ein Beben mit der Magnitude 7 oder stärker kann große Landstriche verwüsten. Etwa wenn sich metertiefe Spalten im Boden auftun, Häuser einstürzen oder große Staudämme brechen. Das Lissabonner Erdbeben hatte vermutlich eine Stärke von 9,5 und ist damit eines der stärksten der Geschichte.

Wissen *spezial*

Wie funktioniert ein Seismograf?

Wer ein Bild malt, hält das Papier ruhig und bewegt die Hand. Ein Seismograf funktioniert andersherum: Die Nadel in dem Gerät hängt an Federn und bleibt beim Beben ganz ruhig. Das Papier im Seismografen aber wird durch die Erderschütterung bewegt. So zeichnet die Nadel Kurven auf das Papier, die die Stärke des Bebens anzeigen.

Entsetzen in ganz Europa

Im 18. Jahrhundert wissen die Menschen noch nichts über Erdplatten und ihre Bewegungen, die Katastrophe von Lissabon kommt daher für alle vollkommen überraschend. Und sie sorgt in ganz Europa für einen großen Streit zwischen Kirchenvertretern und Philosophen, Politikern und Naturforschern. Warum hat Gott ein solch schlimmes Unglück zugelassen? Eigentlich sollte er doch gut zu den Menschen sein und wohlwollend über ihr Schicksal walten. In Lissabon aber, einer Stadt voller gottesgläubiger Menschen, scheint er sich von den Menschen abgewandt zu haben und das ausgerechnet am Allerheiligen-Tag. Wollte Gott die Menschen strafen? Nein, sagen andere, darunter auch der Marquês de Pombal. Das Beben war einfach nur ein schreckliches Naturereignis. Gott hatte nichts damit zu tun. Nicht der Glaube an Gott und die Kirche könne den Menschen jetzt aus der Krise helfen, sondern nur die Vernunft, das Wissen und der Staat.

Der französische Philosoph Voltaire hat dem Erdbeben das „Gedicht über die Katastrophe von Lissabon" gewidmet.

VOLTAIRE.

Der große **Hunger**

Ein Pilz vernichtet die irische Kartoffelernte

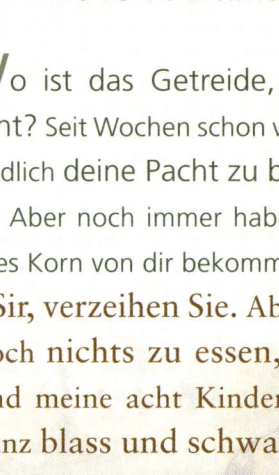

1846 in Irland

„Wo ist das Getreide, das mir zusteht? Seit Wochen schon versprichst du, endlich deine Pacht zu bezahlen, Bauer. Aber noch immer habe ich kein einziges Korn von dir bekommen!"

„Sir, verzeihen Sie. Aber wir haben doch nichts zu essen, meine Frau und meine acht Kinder sind schon ganz blass und schwach vor Hunger. Die Kartoffeln auf unseren Feldern sind alle verdorben. Wir mussten das Getreide essen, sonst wären wir wohl schon längst tot."

„Dein Gejammer interessiert mich nicht. Wer seine Pacht nicht bezahlt, muss fort vom Land. So ist das Gesetz. Nimm deine Leute und sieh' zu, dass du von meinem Hof verschwindest!"

„Nein, Herr! Ohne Land sind wir endgültig dem Tod geweiht!"

„Schluss! Macht, dass Ihr fortkommt, sonst hetze ich die Hunde auf euch!"

Ein Großgrundbesitzer vertreibt Bauern von seinem Land

Der arme Bauer und seine Familie haben keine Wahl. Sie müssen fort von ihrem Hof. Dabei sind sie am Verhungern, schon das zweite Jahr in Folge ist die gesamte Kartoffelernte verrottet. Mit ihrem wenigen Hab und Gut machen sie sich auf den Weg. Wohin, das wissen sie nicht. Von Dorf zu Dorf ziehen sie, doch Arbeit kann ihnen keiner geben. Manchmal erbetteln sie ein Stück Brot, meist aber knurrt ihnen der Magen. So wie dieser Bauernfamilie geht es 1846 Zigtausenden Menschen in Irland.

Eine Knolle sichert das Überleben

Seit dem 16. Jahrhundert gehört Irland zu England, der Boden den englischen Großgrundbesitzern. Noch geht die **Industrialisierung** in Irland sehr langsam voran, fast drei Viertel der Iren leben von der Landwirtschaft, doch häufig sind sie nur Pächter des Ackerlandes. Ihre Parzellen

Kartoffeln waren das wichtigste Nahrungsmittel für die arme Bevölkerung.

sind klein, immer mehr Menschen teilen sich das wenige Land, schließlich ist die Bevölkerung in den vergangenen Jahrzehnten stark gewachsen. Den winzigen Landflächen ringen sie mit harter Arbeit und viel Mühe ihre Erträge ab, und doch ist zum Leben kaum etwas übrig, denn die Pacht an die Engländer bezahlen die irischen Landwirte in Form von Getreide, Fleisch und Milch. Ihnen selbst bleiben meist nur die Kartoffeln, einfach und billig anzubauen, nahrhaft genug, um die großen Familien einigermaßen satt zu bekommen. Ohne die Knollenfrucht haben die Bauern so gut wie nichts mehr zu essen. Die Kartoffel, von der die Iren so sehr abhängig sind, gelangte im 16. Jahrhundert auf die Insel. Ursprünglich stammt sie aus den Anden, einer Gebirgskette in Südamerika, die sich von Peru im Norden bis nach Argentinien bzw. Chile im Süden zieht. Seefahrer bringen die Knolle aus der Neuen Welt mit nach Europa. Hier wird sie bald zu einem der wichtigsten Lebensmittel. Ab 1842 jedoch nimmt das Unglück

Das Johannisfeuer soll vor Missernten und Seuchen schützen.

seinen Lauf: In Nordamerika verfaulen plötzlich das Kraut und die Knollen der Kartoffelpflanzen. Graugrün verfärben sich die Blätter, fleckig und ungenießbar wird die Kartoffel. Die Ernte ist verdorben. 1845 sind Teile der Felder in Frankreich, Belgien und Holland von der Kartoffelfäule betroffen. Doch die Krankheit verschwindet auf dem europäischen Festland wieder, Hitze und Trockenheit geben ihr keine Chance, sich weiter zu auszubreiten. Irland mit seinem feuchtkalten Klima hingegen scheint das ideale Zuhause für die Kartoffelfäule zu sein. Hier fällt fast die gesamte Ernte aus. Ebenso im darauffolgenden Jahr. Nur wenige Kartoffeln bleiben vom Befall verschont, doch sie sind klein und mickrig,

Kartoffelpflanzung
in Südamerika

satt wird man davon nicht. In ihrer Not essen viele der Bauern das Saatgut, das eigentlich im nächsten Frühjahr in die Erde sollte. So rauben sie sich auch für das kommende Jahr die Chance auf eine ausreichende Ernte.

Niemand hilft den Iren

In England herrscht die Theorie, dass der Staat sich nicht in die Belange der Menschen einmischen darf. Jeder solle sich um sich selbst kümmern, dann regelten sich die Dinge von allein. Unterstützung bekommen die Armen nur, wenn sie dafür arbeiten. Almosen, Lebensmittelspenden, Suppenküchen für die Bedürftigen, all das würde die Menschen

Die Menschen in Irland hungern und fordern Hilfe von der Regierung.

Viele Menschen verlassen ihre Heimat.

verweichlichen, so die Ansicht der Mächtigen in England. Nur wer arbeitet, soll auch essen. Dabei gibt es kaum Arbeit für die Millionen Bedürftigen. Also lassen sich die Großgrundbesitzer und englischen Verwalter allerlei Aufgaben für die hungrigen Bauern einfallen. Manche Straßen und Brücken beispielsweise werden an Orten gebaut, wo sie eigentlich niemand braucht. So rackern sich die ausgezehrten Menschen ab, nur um am Ende des Tages eine Suppe zu bekommen. Auch sonst erhalten die Hungernden kaum Unterstützung durch die englische Regierung. Im Gegenteil, die Politik Englands verschärft das Problem: Trotz der Missernten müssen die irischen Pächter weiterhin Getreide und tierische Produkte an das Nachbarland ausführen. Wer das nicht tut, also seine Pacht nicht mehr bezahlen kann, wird von den Großgrundbesitzern verjagt. So irren in den nächsten Jahren Tausende obdachlose Menschen durch das Land. Hunger und Kälte bringen sie um, manchmal liegen die

Toten einfach am Wegesrand. Krankheiten wie Typhus breiten sich schnell unter den geschwächten Menschen aus. Zwischen 1845 und 1849 sterben etwa anderthalb Millionen Iren, so viele Bewohner hat heute München. Von den acht Millionen Einwohnern, die Irland noch 1840 zählte, ist das immerhin ein Fünftel. Weitere zwei Millionen verlassen die Insel, die **Auswanderer** hoffen auf ein besseres Leben in den USA, Australien oder Kanada.

Wissen *spezial*

Was sind Auswanderer?
Der Fachausdruck für Auswanderer ist Emigrant, das setzt sich zusammen aus den lateinischen Ausdrücken ex (dt.: hinaus) und migrare (dt.: wandern). Im neuen Heimatland heißen die Emigranten dann Immigranten, das bedeutet Einwanderer.

Ein Pilz ist schuld

Während der großen Hungersnot weiß niemand so genau, woher die Kartoffelkrankheit eigentlich kommt. Manche sagen, die sich ausbreitenden Fabriken mit ihrer Luft- und Umweltverschmutzung seien dafür verantwortlich. Einige Naturforscher aber erkennen schon bald, dass ein Pilz der Verursacher der Kartoffelfäule ist. Doch erst in den 1870er-Jahren erhält er seinen noch heute gültigen Namen: Phytophthora infestans. Dieser Pilz überträgt seine Sporen durch den Wind und liebt vor allem feuchtes Klima. In Irland konnte er also besser überleben als

Mit Flugzeugen wird heute Pflanzenschutzmittel versprüht, um die Kartoffelfäule zu verhindern.

auf dem wärmeren und trockeneren europäischen Festland. Bis heute gibt es kein verlässliches Gegenmittel gegen den Pflanzenschädling, denn er ist sehr wandelbar und passt sich den Gegebenheiten immer wieder an. Somit sind Pflanzenschutzmittel, die in einem Jahr noch gegen den Erreger geholfen haben, im nächsten Jahr schon wieder wirkungslos.

Auch heute noch fällt jedes Jahr ein Teil der weltweiten Kartoffelernte dem Phytophthora zum Opfer, wenngleich die Auswirkungen nicht mehr so gravierend sind wie damals in Irland.

Eine weitere Gefahr für die Ernte stellt der Kartoffelkäfer dar.

In Deutschland wird die Landbevölkerung vor Schädlingen gewarnt.

Viele Schädlinge bedrohen die Ernten

Nicht nur Pilze, auch Spinnentiere und Insekten wie Spinnmilben, Kartoffelkäfer, Blattläuse und vor allem **Wanderheuschrecken** sind immer wieder für Ernteausfälle verantwortlich. Das wird besonders dann zur Gefahr für die Bevölkerung,

| Thema | Wanderheuschrecken überfallen die Felder |

Schon in der Bibel werden diese Heuschrecken als Plage Gottes bezeichnet. Im Koran nennt man sie die „Zähne des Windes". Bis heute versetzen sie Bauern in Schrecken, wenn Schwärme von manchmal mehr als einer Milliarde Tiere innerhalb weniger Minuten ganze Landstriche kahl fressen. Ein Schwarm kann bis zu mehrere Quadratkilometer groß sein, er verdunkelt wie eine große Wolke den Himmel. Die Tiere legen bis zu hundert Kilometer am Tag zurück.

wenn in der Region nur ein einziges Lebensmittel angebaut wird, also eine **Monokultur** herrscht. So konnte ein einzelner Pilz ganz Irland erschüttern, bloß weil man allein auf die Kartoffel als Nahrungsmittel gesetzt hatte. Bauern in aller Welt versuchen heute, mit Insektengift oder auch Fungiziden, also Antipilzmitteln, ihre Äcker gegen Schädlinge zu schützen. Der große Nachteil dabei ist, dass auch viele nützliche Tiere durch das Gift sterben, das Grundwasser verschmutzt wird und die Lebensmittel möglicherweise ungesund für den Menschen sein können. So verursachen manche Landwirte und Forscher auch mithilfe der Gentechnik, neue Sorten zu züchten, denen die Erreger nichts anhaben können. Wieder andere Wissenschaftler suchen nicht nach neuen Pflanzen, sondern ausgerechnet nach ganz alten, kaum noch bekannten Sorten, die möglicherweise einen natürlichen Schutzmechanismus gegen Pflanzenschädlinge haben. In Südamerika beispielsweise sind mehr als 3000 Kartoffelsorten bekannt. Auf Irlands Feldern wurden im 19. Jahrhundert gerade mal eine Handvoll Sorten angebaut. Hier hatte die Kartoffelfäule ein leichtes Spiel.

Mit moderner Technik versuchen Wissenschaftler, wirksame Gegenmittel zu finden.

Asche am Horizont

Der Krakatau bricht aus

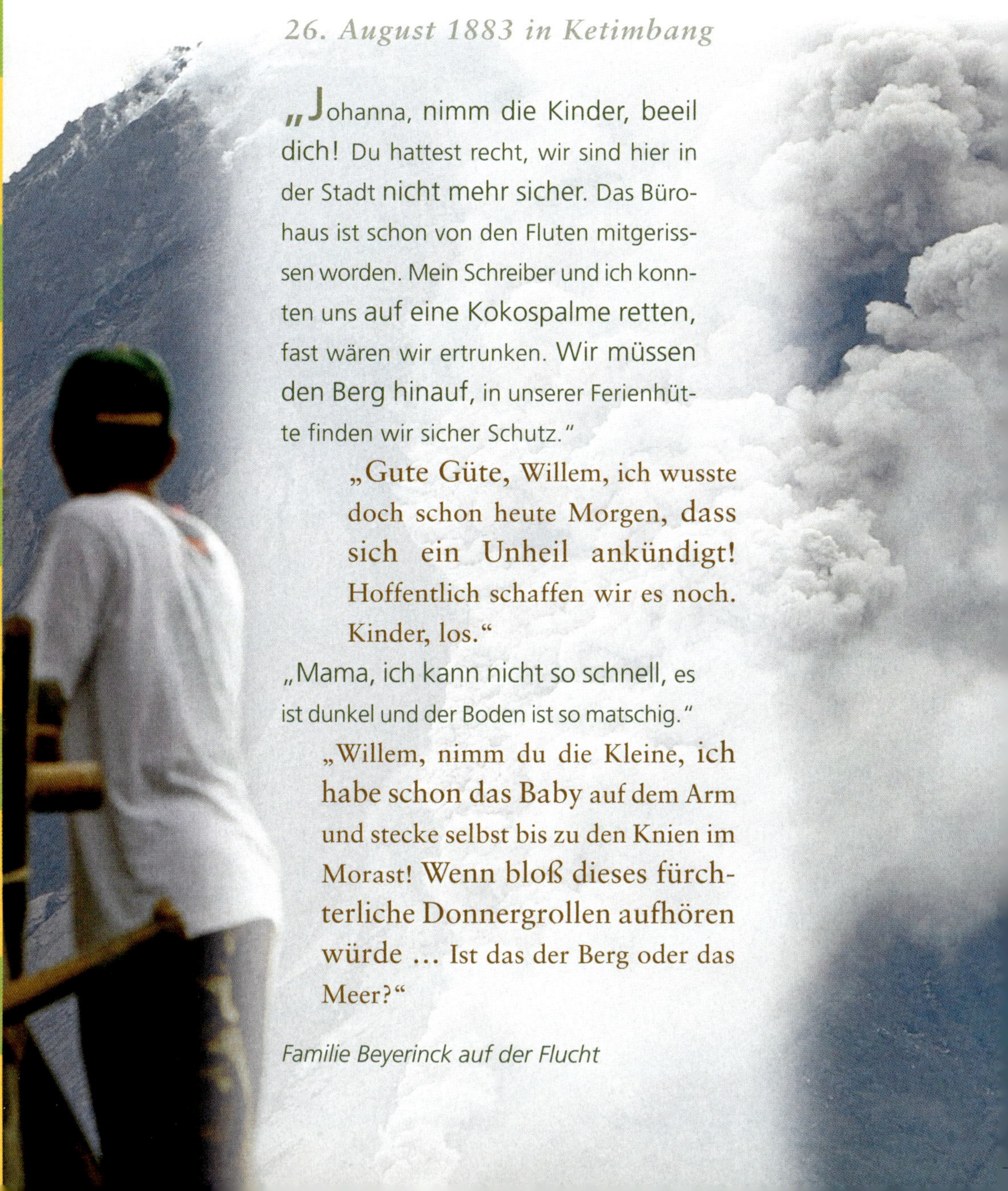

26. August 1883 in Ketimbang

„Johanna, nimm die Kinder, beeil dich! Du hattest recht, wir sind hier in der Stadt nicht mehr sicher. Das Bürohaus ist schon von den Fluten mitgerissen worden. Mein Schreiber und ich konnten uns auf eine Kokospalme retten, fast wären wir ertrunken. Wir müssen den Berg hinauf, in unserer Ferienhütte finden wir sicher Schutz."

„Gute Güte, Willem, ich wusste doch schon heute Morgen, dass sich ein Unheil ankündigt! Hoffentlich schaffen wir es noch. Kinder, los."

„Mama, ich kann nicht so schnell, es ist dunkel und der Boden ist so matschig."

„Willem, nimm du die Kleine, ich habe schon das Baby auf dem Arm und stecke selbst bis zu den Knien im Morast! Wenn bloß dieses fürchterliche Donnergrollen aufhören würde … Ist das der Berg oder das Meer?"

Familie Beyerinck auf der Flucht

Es ist stockfinster. Die Küstenstadt Ketimbang auf der Insel Sumatra in **Indonesien**, die Heimat der Familie Beyerinck, verschwindet im Dunkel hinter ihnen. Jeder Schritt ist mühsam, die Fliehenden bleiben immer wieder im nassen, schlüpfrigen Dschungelboden stecken. Willem Beyerinck, Verwaltungsbeamter der holländischen Kolonialherren, seine Frau Johanna, die drei Kinder, die Hausangestellten – fünf Stunden lang kämpfen sie sich durch das Dickicht, immer bergauf, Blutegel kleben an ihrer Haut, die tropische Augustnacht ist stickig und heiß. Endlich erreichen sie ihre Hütte. Betten, Dielen, Möbel, alles ist mit einer feinen Schicht Asche und Bimsstein überzogen. Aber sie sind in Sicherheit. Vorerst. Denn noch hat der Krakatau nicht seine ganze Kraft gezeigt.

Wissen *spezial*

Indonesien

Indonesien mit seinen knapp 230 Millionen Einwohnern ist ein Inselstaat am Äquator, nordwestlich von Australien. Mitten durch das Land läuft der Pazifische Feuerring, ein Vulkangürtel, der den Pazifik umgibt, Erdbeben und Vulkanausbrüche erschüttern recht häufig das Land.

Auf den indonesischen Inseln gibt es eine Reihe aktiver Vulkane.

Der Krakatau explodiert.

Der Vulkan erwacht

Das Unglück beginnt schon vor ein paar Monaten, im Mai 1883. Der Krakatau liegt auf einer kleinen, unbewohnten Insel in der Sundastraße, einer Meeresenge zwischen den Inseln Sumatra und Java. Sie verbindet das Chinesische

Alle flüchten vor der todbringenden Lava.

Meer mit dem Indischen Ozean. Jetzt regt sich der Vulkan das erste Mal wieder, nachdem er seit 1680 keinen Ton mehr von sich gegeben hatte. Manchmal bebt der Boden in der Region, Fischer entdecken Rauchsäulen über dem Berg. Am 11. August setzt ein Hauptmann der holländischen Armee zur Insel über, er berichtet von drei rauchenden Kratern, mehreren tiefen Erdspalten, zentimeterdicken Ascheschichten. Zwei Wochen später, am Mittag des 26. August 1883, einem Sonntag, feiern die Beyerincks im 35 Kilometer entfernten Ketimbang die Eröffnung eines neuen Dorfmarktes. Es spielt ein Orchester, gegessen wird reichlich und gut. Doch der Krakatau auf der Nachbarinsel trübt die ausgelassene Laune der Menschen. Gegen ein Uhr mittags hören sie eine erste Explosion. Die Scheiben der Häuser wackeln, der Boden bebt noch mehrere Kilometer entfernt. Eine Stunde später steigt eine große schwarze Wolke über dem Vulkan auf, 27 Kilometer hoch reckt sie sich in den Himmel. Das Knallen und Beben hält auch am Nachmittag an. Nach den Explosionen spülen immer wieder hohe Wellen an die Küsten von Sumatra und Java, ausgelöst durch Erdbeben oder auch große Felsbrocken, die sich vom Krakatau lösen und ins Meer stürzen. Eine dieser Wellen reicht bis an das Haus der Beyerincks. Am frühen Abend, in letzter Sekunde, macht sich die Familie auf den Weg zu ihrer Berghütte, möglichst weit weg vom Wasser und dem Gedröhne des Vulkans.

Aus sicherer Entfernung beobachtet, ist der Ausbruch eines Vulkans ein spannendes Schauspiel.

Glühende Lava fließt
ins Meer.

Im Laufe des nächsten Morgens, mit jeweils etwa einer Stunde Abstand, explodieren die drei Krater des Krakatau. Dabei entleeren sich die unterirdischen Magmakammern und gewaltige Mengen Meereswasser fließen von oben in die glühendheißen Erdkammern. Wo eben noch ein Teil des Berges war, gleicht das Meer nun einem brodelnden Hexenkessel. Um zehn Uhr vormittags schließlich setzt der Krakatau mit einer alle bisherigen Explosionen weit übertreffenden Kraft zum Finale an: Fast 20 **Kubikkilometer** vulkanisches Gestein und Asche schleudert der Vulkan aus, eine Wolke, die nun etwa 80 Kilometer hoch in die Atmosphäre reicht. Zwei Drittel der Insel versinken im Meer und lösen gigantische Wellen von stellenweise bis zu 40 Metern Höhe aus, sie reißen endgültig alles mit, was an den umliegenden Küsten noch unversehrt war. Der Krach dieser letzten Detonation ist fast 5000 Kilometer weit zu hören. Selbst im mehr als 3000 Kilometer entfernten Australien sollen Schafherden auf den Weiden so erschrocken sein, dass sie in Panik geraten und nicht mehr zu bändigen sind.

Wissen spezial

Wie viel ist ein Kubikkilometer?

Man kann sich einen Kubikkilometer als einen Würfel vorstellen, dessen Kanten jeweils einen Kilometer lang sind. In diesen Würfel passen zum Beispiel eine Billion Liter Wasser oder auch 14 Millionen große Schiffscontainer hinein. 20 Kubikkilometer sind umgerechnet 280 Millionen Container.

Jetzt breitet sich Dunkelheit aus, noch in 80 Kilometern Entfernung vom Krakatau herrscht aufgrund der hochgeschleuderten Aschemengen für fast 60 Stunden Nacht. Ein pyroklastischer Strom, eine heiße, glühende Welle vulkanischen Materials, frisst sich den Berg hinauf, an dessen Hang die Beyerincks ihre Hütte haben. Asche und heiße Steinchen legen sich als zentimeterdicke Schicht über Menschen und Tiere, Pflanzen und Häuser. Frau Beyerinck weiß nicht mehr, wo sie ist, in Panik versucht sie, die Hütte zu verlassen. Ihr Hals ist trocken, die Stimme versagt. Ihre Haut ist verbrannt, die Wunden sind verdreckt, Schmerzen spürt sie kaum, zu groß ist der Schock. Sie hört ihren Mann rufen, er hat überlebt. Das kleine Baby der Beyerincks jedoch stirbt in den Armen seiner Mutter, die mit schwersten Verbrennungen ebenfalls überlebt. Etwa 36.000 Menschen in der gesamten Region können sich nicht mehr retten. Die meisten von ihnen werden von den Wassermassen ergriffen und ertrinken. Die Naturgewalt am Krakatau erreicht die Stufe 6 auf dem **Vulkanexplosivitätsindex** (VEI) und gehört damit zu den

Gegen das Einatmen der Asche hilft ein Mundschutz.

„Der Schrei" von Edvard
Munch symbolisiert
Angst und Tod.

stärksten Vulkanausbrüchen weltweit. Die Stufe 7 erreicht 1815 ein anderer indonesischer Vulkan, der Tambora. Er liegt auf Sumbawa, eine der kleinen Sundainseln. Bei seinem Ausbruch sterben mehr als 70.000 Menschen. Noch gewaltiger sind nur noch **Supervulkane**, seit Menschengedenken aber ist ein solcher unterirdischer Riese nicht mehr ausgebrochen.

Die Welt wird Zeuge der Katastrophe

Die Monsterwellen versetzen ganze Ozeane in Bewegung. Selbst im Ärmelkanal oder an der Westküste Nordamerikas sind sie noch messbar. In den Wetterstationen ist weltweit zu spüren, wie sich der Luftdruck plötzlich ändert. Er schwankt auf und ab, für ganze neun Tage. Die Asche, die der Vulkan in die Atmosphäre spuckt, verändert für viele

Thema   **Supervulkane, die größten bekannten Vulkane**

Der Ausbruch eines Supervulkans ist zehn bis eintausend Mal stärker als der eines normalen Vulkans. Sie bilden keine Kegel, sondern große, flache Kessel, auch Calderen genannt. Die unterirdischen Magmakammern sind riesig, jene unter dem Yellowstone-Park im US-Bundesstaat Wyoming etwa

ist 60 Kilometer lang, 40 Kilometer breit und 10 Kilometer hoch. Ein Ausbruch würde vermutlich die Stufe 8, die höchste auf dem VEI erreichen. Die Aschemengen in der Luft würden dann über Jahre den Globus verdunkeln und für eisige Temperaturen sorgen.

Der Ausbruch des Tambora (Indonesien) forderte über 10.000 Menschenleben und hinterließ einen imposanten Krater.

Monate den Himmel. Sonnenuntergänge sind auf einmal besonders spektakulär. Manchmal leuchtet der Himmel so blutrot, dass beispielsweise in einer amerikanischen Kleinstadt die Feuerwehr ausrückt. Die Männer glauben, in der Stadt sei ein Feuer ausgebrochen. Auch der berühmte norwegische Maler Edvard Munch (1863–1944) soll sich für sein Bild „Der Schrei" von den Farbspielen am Himmel inspiriert haben lassen. Doch dank einer neuen Technik dauert es nur wenige Stunden, bis die Menschen rund um den Globus den Grund für die seltsamen Erscheinungen kennen: Mithilfe der Telegrafie senden die Holländer von Indonesien aus die Nachricht um die Welt. Durch dicke, mehrere Tausend Kilometer lange Kabel, die jetzt die Kontinente miteinander verbinden, verkünden elektrische Signale alle Details der Katastrophe vom Krakatau. So wird das schreckliche Unglück zu einem der ersten weltweiten Medienereignisse.

Durch die Telegrafie werden elektromagnetische Zeichen in einem Code übertragen.

Der Tod geht um die Welt

Die Spanische Grippe kennt keine Grenzen

Dezember 1918 in North Carolina

„Daddy, Daddy, komm schnell. Ich glaube, William geht es nicht gut. Er ist ganz blass und kalt und sagt kein Wort."

„Ich weiß, Mary. Wir können nichts mehr für ihn tun, meine Kleine. Dein Bruder ist tot. Er starb in der Nacht und ist jetzt bei deiner Mutter, auch sie hat die schwere Grippe nicht überstanden. Du musst jetzt ganz tapfer sein und dich um deine Geschwister kümmern. Besonders Baby John braucht uns."

„Oh Gott, wie sollen wir das nur schaffen? Die anderen liegen doch auch schon mit Fieber im Bett. Und der nächste Arzt ist meilenweit weg. Daddy? Sag doch was? Was ist los mit dir? Um Himmelswillen, du hast ja ganz glasige Augen und dir steht der Schweiß auf der Stirn! Wirst du auch krank? Soll ich nun etwa allein die Tiere versorgen und uns das Essen machen?"

Mary Connor und ihr Vater

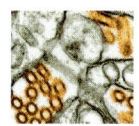

In der kleinen Holzhütte steht im Winter 1918 keiner mehr sicher auf den Beinen. Hier in einem kleinen Bauerndorf im äußersten Westen des US-Bundesstaates North Carolina, leben zu Beginn des 20. Jahrhunderts nicht viele Menschen. Die Familien bestellen das Land ihrer kleinen Farmen, bis zur nächsten Stadt, zum nächsten Krankenhaus sind es häufig viele Kilometer. Seit Tagen schon kämpft die Familie Connor gegen eine schwere Grippe. Marys Mutter Eve ist schwanger, der Geburtstermin ihres siebten Kindes steht kurz bevor, als auch sie das Fieber bekommt. Ihr Hals ist entzündet, der Körper wird von starkem Husten geschüttelt, Kopf und Glieder sind schwer und schmerzen. In diesem Zustand bringt sie Baby John zur Welt, doch dann hat sie keine Kraft mehr. Zu schwach ist sie, um der Grippe zu trotzen. Sie und ihr zweijähriger Sohn William sterben, nur wenige Tage später auch der kleine John. Mary, ihr Vater und ihre vier Geschwister überleben die Katastrophe, die über sie hereinbrach, als Marys Bruder Robert zu Besuch kam. Der junge Soldat kämpft im **Ersten Weltkrieg**. Im November besucht er seine Familie auf dem Land. Was niemand ahnt: Er steckt seine Lieben mit einer Krankheit an, die in dieser Zeit Millionen Menschen weltweit das Leben kosten wird, die Spanische Grippe.

In den USA wurden notdürftig riesige Krankenlager aufgebaut.

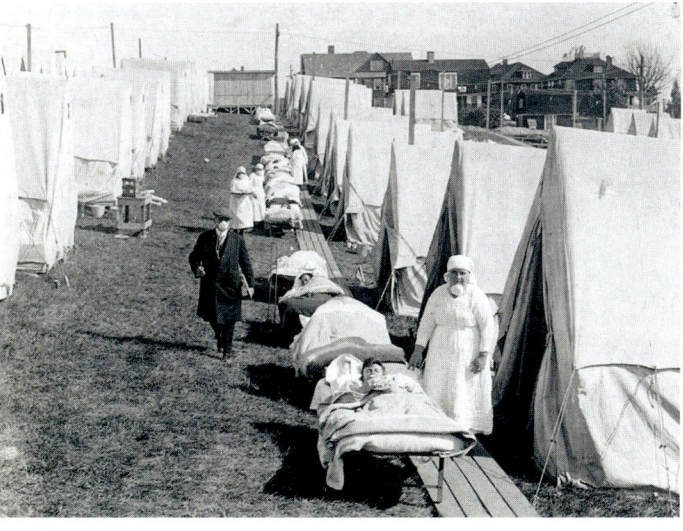

Was ist eine Pandemie?
Wenn eine Krankheit nicht nur einzelne Regionen betrifft, sondern weltweit auftritt, spricht man von einer Pandemie. Das Wort kommt aus dem Griechischen und bedeutet „das Volk betreffend".

Ratten gelten als Überträger gefährlicher Krankheiten.

Eine Krankheit umrundet den Erdball

Die Spanische Grippe ist eine besonders schwere Form der Grippe. Der Name ist etwas verwirrend, denn der Erreger kommt vermutlich gar nicht aus Spanien. In dem südeuropäischen Land aber sind viele Menschen betroffen, zudem dürfen die Zeitungen offen über die Krankheit berichten. In vielen anderen Staaten versucht die Zensur zu verhindern, dass der Feind bemerkt, dass die Truppen durch die Grippe geschwächt sind. Das könnten die Gründe für die Namensgebung sein. Den genauen Ursprungsort der **Pandemie** kennt man bis heute nicht. Eine mögliche Route aber, die die Spanische Grippe um die Welt genommen haben könnte, beginnt in den USA. Es ist das Frühjahr 1918, noch tobt der Krieg in Europa. Tausende Soldaten liegen in den Schützengräben an der Front. Haskell County, ein Bezirk im US-Bundesstaat Kansas, meldet Ende Februar die ersten Kranken und Toten. Von hier reisen ein paar Männer nach Camp Funston, in ein Ausbildungslager der amerikanischen Armee. Anfang März gibt es die ersten Kranken, drei Wochen später liegen mehr als tausend Menschen mit den Grippeanzeichen im Bett. Dann melden auch andere Ausbildungslager die ersten Fälle, bald trifft es Menschen in den Städten, in Fabriken oder auch Gefängnissen. Überall dort, wo Menschen auf engstem Raum zusammen leben und arbeiten. Von hier, so vermuten Experten heute, geht das Virus mit Truppentransporten der US-Armee nach Europa. Im April erkranken die ersten Menschen in der französischen Hafenstadt Brest, bald auch in der Metropole Paris. Je

Suche nach Schuldigen: Darstellung der todbringenden Grippe als Figur, die auf einem Zug vom Orient nach Europa fährt.

mehr Infizierte durch Europa und die Welt reisen, desto rascher breitet sich die Krankheit unter den Menschen aus. Deutschland, Dänemark, Holland und Schweden trifft es in diesem Sommer ebenso wie ferne Länder in Asien und Ozeanien. Innerhalb weniger Monate hat die Spanische Grippe die Welt erobert. In mehreren Wellen rollt sie immer wieder über den Erdball, bis sie 1919 allmählich verschwindet.

Was heißt Quarantäne?
Möglicherweise infizierte Menschen werden von Gesunden isoliert, um die weitere Verbreitung einer Krankheit zu verhindern. Schon im 15. Jahrhundert, als die Pest in Europa wütete, ließ man Schiffbesatzungen oder Reisende tagelang nicht in die Stadt, bis sie sich als gesund erwiesen.

Was tun?

Schreckliche Szenen spielen sich ab. In abgelegenen Dörfern verhungern die Kinder, weil ihre Eltern tot sind oder zu schwach, um ihren Nachwuchs zu versorgen. Bei den Maori in Neuseeland oder den Inuit in Kanada entvölkert die Spanische Grippe ganze Siedlungen. Erst Monate später finden Reisende die Überreste der Menschen. In den großen Städten sind an manchen Tagen die Leichenhallen überfüllt, die Verstorbenen müssen übereinandergestapelt werden. Und in Indien, so heißt es, wird das Holz knapp, um die Toten zu verbrennen, so wie es Sitte ist. In aller Welt versuchen die Behörden verzweifelt, die Krankheit einzudämmen. Etwa, indem sie Schiffe unter **Quarantäne** setzen. Keiner der Matrosen darf mehr an Land gehen, bis wirklich sicher ist, dass keine Infizierten

Thema **Aids: Ein Virus ist schuld**

Seitdem Aids 1981 als eigenständige Krankheit erkannt wurde, hat sich sein Verursacher, das HI-Virus (Humanes Immundefizienz-Virus), in der ganzen Welt stark ausgebreitet. Es wird durch Körperflüssigkeiten und vor allem beim Geschlechtsverkehr übertragen, heute sind weltweit etwa 33 Millionen Menschen infiziert. Aids ist bisher nicht heilbar, mit Medikamen-

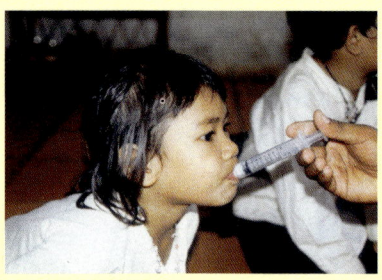

ten kann aber der Ausbruch der tödlichen Krankheit hinausgezögert werden. In ärmeren Ländern jedoch fehlt vielen Patienten das Geld für die teure Behandlung. Oft wissen sie nicht von ihrer Infektion, so breitet sich das Virus immer weiter aus, auch Kinder sind betroffen.

Die Menschen versuchen sich zu schützen.

an Bord sind. Doch so etwas lässt sich in Zeiten des Krieges nicht durchsetzen, schließlich brauchen die Truppen Nachschub an frischen Soldaten. Und die Heimkehrer von der Front wollen schnell zurück zu ihren Familien, wie auch Marys Bruder Robert. Wenn die Krankheit gerade in der Stadt grassiert, bleiben Schulen und Geschäfte oft geschlossen, ohne Mundschutz traut sich kaum einer mehr vor die Tür.

Eine gefährliche Viruserkrankung

Eine Grippe ist keine einfache Erkältung, auch wenn man umgangssprachlich Grippe sagt, wenn jemand bloß mit etwas Schnupfen im Bett liegt. Die Influenza, so der Fachausdruck für Grippe, wird durch Viren ausgelöst. Das sind klitzekleine Partikel, unsichtbar für das bloße Auge, die sich an die Zellen von Menschen oder auch Tieren andocken. Dann spulen sie ihr gefährliches Programm ab: Das HI-Virus beispielsweise, das **Aids** auslösen kann, attackiert das Immunsystem des Menschen. Der Patient wird immer

In Indien werden die Toten häufig verbrannt, ihre Asche wird in die Flüsse gestreut.

Das gefährliche Vogel-
grippevirus könnte durch
Zugvögel übertragen
werden.

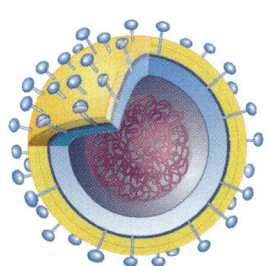

Im Inneren des Virus
liegt seine Erbinforma-
tion, sie wird in die
menschliche Zelle ein-
geschleust.

schwächer und kann Krankheiten nicht mehr abwehren. Grippeviren, es gibt viele Varianten, greifen beispielsweise die Zellen der Atemwege an. Erreger und Gifte in der Atemluft, die normalerweise dem Menschen nichts anhaben, können nun in die geschwächten Schleimhäute eindringen. Fieber und Schüttelfrost, Schmerzen am ganzen Körper und sogar Lungenentzündungen sind oft die Folge. Mit Impfungen, sie werden immer wieder neu an die gerade grassierenden Erreger angepasst, sollen größere Epidemien verhindert werden. Trotzdem stecken sich jedes Jahr fünf bis 20 Prozent der Weltbevölkerung mit einer normalen Grippe an. Bei der Spanischen Grippe schließlich handelt es sich um ein besonders aggressives Virus. 500 Millionen Menschen, ein Drittel der damaligen Weltbevölkerung, sind zwischen 1918 und 1919 infiziert. 20 bis 50 Millionen Menschen sterben. Wie viele es genau sind, kann niemand sagen. Denn zunächst wissen die Ärzte oft gar nicht so genau, um welche Krankheit es sich handelt. Kann eine normale Grippe wirklich schuld am Tod so vieler Menschen sein? Zudem zählen nicht nur, wie es sonst eher üblich ist, die Schwachen, beispielsweise sehr kleine Kinder und alte

Menschen, zu den Todesopfern, sondern vor allem junge, kräftige Erwachsene. Welche Krankheit also geht hier um? Waren vielleicht die Deutschen schuld? Sie hatten immerhin den Krieg begonnen, vergiften sie nun Lebensmittel oder versprühen sie giftiges Gas, um ihre Kriegsgegner auszulöschen? Erst in den 1930er-Jahren erkennt man sicher, dass es sich um ein Virus handeln muss. Und es dauert weitere 60 Jahre, bis Wissenschaftler aus einigen gut konservierten Leichen von damals das Grippevirus gewinnen können. Heute ist bekannt, dass der Erreger der Spanischen Grippe zu den Influenza-A-Viren gehört, von denen auch das **Vogelgrippevirus A/H5N1** abstammt. Experten befürchten, dass sich dieses sehr gefährliche Virus, ähnlich wie die Spanische Grippe, eines Tages in der ganzen Welt ausbreiten könnte. Ausreichend Impfstoff, mit dem jedes Jahr zumindest gegen normale Grippeviren vorgegangen wird, steht für das H5N1-Virus momentan nicht zur Verfügung.

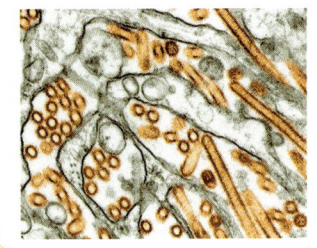

Schutzimpfungen können vor Grippe und anderen Krankheiten schützen.

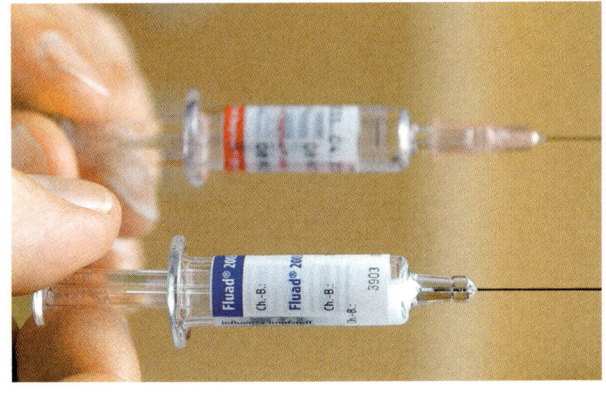

Eine Schneise **der Zerstörung**

Der Tri-State Tornado

„Müssen wir wirklich in diesem düsteren Keller sitzen, Daddy? Hier ist es so eng und stickig."

„Ich weiß, meine Kleine, aber glaub mir, es ist besser so. Hast du nicht gesehen, wie tiefschwarz der Himmel plötzlich wurde? Und hörst du das laute Poltern draußen? Das ist kein normaler Sturm, das ist ein Tornado."

„Ein Tornado? Was ist das? Oh, hör doch, Dad, der Krach hat aufgehört!"

„Ja, es scheint vorbei zu sein. Uff, die Tür lässt sich kaum öffnen. Seht nur, da liegt ein Baum quer vor unserem Kellerausstieg!"

„Schaut, Mom, Dad, das Haus! Es steht ja auf einmal woanders als vorher!"

„Gute Güte, auf dem Hof sieht's ja wild aus! Oh, nein, und unser schönes Auto, jetzt hat es kein Dach mehr!"

Familie Noland

Familie Noland kriecht aus ihrem Schutzkeller, kein üblicher Raum unter dem Wohnhaus, sondern eine abseits gelegene Bodenkammer im Garten der Farm. Die Luke ist durch einen dicken Baum versperrt, er liegt quer über dem Ausgang, die Wurzeln ragen in die Luft. Als die Nolands sich schließlich bis nach draußen gekämpft haben, reiben sie sich verwundert die Augen. Das Auto der Familie, vor ein paar Minuten war es noch in der Scheune geparkt, steht jetzt draußen neben dem Zaun. Aus der Limousine mit Dach ist ein Cabrio geworden. Rundherum liegen Bäume, umgeknickt wie Streichhölzer, selbst dicke Eichenstämme konnten dem **Tornado** nicht trotzen. Und das Wohnhaus, ein altes, großes Haus, steht völlig verschoben auf dem Fundament, als hätte es jemand einfach um ein paar Grad gedreht. Doch sie selbst sind unversehrt, die Nolands haben den sogenannten Tri-State Tornado überlebt. Fast 700 Menschen aber sterben an diesem 18. März 1925 durch eine Naturgewalt, die über Missouri, Illinois und Indiana, drei Bundesstaaten inmitten der USA, hinwegfegt.

Wissen *spezial*

Wieso Tornado?
Die spanischen Ausdrücke Tronada (dt.: Gewitter) und tornar (dt.: umdrehen, sich drehen) haben sich im Englischen zum Wort Tornado zusammengefügt. Andere Ausdrücke sind Wind- oder auch Wasserhose. In den USA sagt man manchmal auch Twister.

Immer wieder ziehen Tornados über die USA hinweg und sorgen dafür, dass Menschen obdachlos werden.

Eine wirbelnde Kraft

Tornados sind schnell rotierende Luftwirbel, wie ein Rüssel oder auch Trichter reichen sie aus einer Wolke bis zum Boden. Sie können zu jeder Jahreszeit und an vielen Orten der Erde entstehen. Die meisten und heftigsten sind im **Tornado-Alley** in den USA zu beobachten. Sie treten vor allem im Frühjahr und Sommer auf, meist in Gewitterwolken, wenn warm-feuchte Luft von der Erdoberfläche nach oben steigt und dort auf kältere Luftschichten trifft. Die feuchte Luft kondensiert, das heißt, sie gibt Wassertropfen ab und Wärme. Man kennt das aus der Küche: Der Dampf, der aus einem Topf mit kochendem Wasser aufsteigt, setzt sich an den Küchenfliesen oder am Fenster ab. Dort verwandelt er sich zurück in Wassertropfen. Am Himmel kann dieser Vorgang Luft zum Wirbeln bringen, immer schneller und schneller. Sobald der Trichter Wasser und Staub mit sich reißt, wird er mit dem bloßen Auge erkennbar. Manche Tornadowirbel drehen sich mit mehr als 400 Kilometern pro Stunde, so flink wie kein anderer Wind

Wissen spezial

Tornado-Alley

Die Tornado-Allee, so die deutsche Übersetzung, erstreckt sich von Nordtexas über Oklahoma bis hoch nach South Dakota. Über die Hälfte der mehr als 1000 jedes Jahr in den USA registrierten Tornados tritt in diesen Bundesstaaten auf.

In der sogenannten Tornado-Alley entstehen die meisten Tornados.

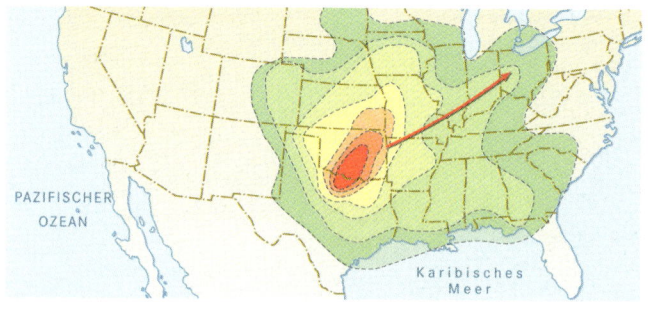

PAZIFISCHER
OZEAN

Karibisches
Meer

oder Sturm. Je nachdem, wie schnell die Wolke ist, die den Wirbel mit sich zieht, können Tornados eine Weile auf der Stelle stehen bleiben oder aber mit Geschwindigkeiten von mehr als 100 Kilometern pro Stunde über das Land ziehen. Meist ist der Trichter, der über den Boden streift, nur ein paar Meter breit. Was ihm in die Quere kommt, wird mitgerissen. Er wirbelt Staub und Wasser auf, versetzt ganze Häuser. Menschen, Vieh, Bäume, Trecker und Autos, ein starker Tornado reißt selbst die schwersten Dinge wie Spielzeug mit sich in die Höhe.

Ein Tornado hinterlässt eine Spur der Verwüstung.

Der Tri-State Tornado macht sich auf den Weg

Der 18. März 1925 ist ein Mittwoch. Mittags um eins sind die Kinder noch in der Schule, die Menschen arbeiten in den kleinen Läden, auf Feldern, in den Fabriken. Im Südosten Missouris wird der Tri-State Tornado zum ersten Mal gesichtet. In einer kerzengeraden Linie eilt er Richtung Nordosten, nach Illinois, mit der sagenhaften Trichterbreite von mehr als einem Kilometer. Gleich hinter dem Mississippi, dem größten Fluss der USA, überrascht der Tornado, der auf der **Fujita-Skala** die Stärke 5 erreicht, die Bewohner des Städtchens Gorham.

Wissen *spezial*

Was misst die Fujita-Skala?

In den 1970ern entwickelte der japanische Wissenschaftler Tetsuya Theodore Fujita diese Skala. Sie bemisst Tornados nach ihrer Wirbelgeschwindigkeit und den von ihm verursachten Schäden. F5 ist die bisher höchste, jemals beobachtete Stufe.

Dem Tornado zu nahe zu kommen ist gefährlich.

Meteorologen arbeiten mit Symbolen, z. B. einem Stern für Schnee.

Warmfront		◯	wolkenlos
Kaltfront		◑	heiter
Okklusion		◑	wolkig
Niederschlagsgebiet		◕	stark bewölkt
Dunst		●	bedeckt
Nebel			
Regen	Windrichtung		Geschwindigkeit
Gewitter	⚲ Nordost		5 km/h
Nieseln	⚲ Ost		10 km/h
Schnee	⚲ Südost		30 km/h
Schauer	⚲ Süd		70 km/h
Hagel	⚲ Südwest		100 km/h
	H Hoch		*T* Tief

34 Menschen sterben, ihre gesamte Stadt wird innerhalb weniger Minuten dem Erdboden gleichgemacht. Als Nächstes trifft es Murphysboro. Mehr als 200 Menschen kommen hier um, sie werden erschlagen von umherfliegenden Bäumen und Trümmern oder selbst durch die Luft geschleudert und wieder zu Boden geworfen. In den Schulen begraben schwere Steinmauern 25 Schulkinder unter sich. So schnell der Wirbelwind kommt, so rasch zieht er vorüber. Die Städtchen DeSoto, Parrish und West Frankfort sind schlimm verwüstet. Auch in Griffin, einem kleinen Örtchen im äußersten Südwesten Indianas, bleibt kaum ein Stein auf dem anderen. Nach mehr als fünf Stunden

löst sich der Rekord-Tornado, vor dem sich die Nolands gerade noch in den Schutzkeller flüchten konnten, endlich auf. Zurück bleibt eine gewaltige Schneise der Verwüstung, mehr als 350 Kilometer lang. Der Tri-State Tornado geht in die Geschichte ein, fast 700 Menschen sterben durch ihn, so viele wie durch keinen anderen einzelnen Tornado in der Geschichte der USA.

Spannende Forschung

Für viele Menschen kam der Tornado 1925 völlig überraschend, so ungewöhnlich waren seine Ausmaße. Auch der Wetterdienst warnte damals nicht rechtzeitig. Bisher konnten Wissenschaftler keine sichere Methode entwickeln, um die Entstehung einzelner Tornados exakt vorherzusagen. Aber mit etwas Erfahrung lassen sich erste Anzeichen erkennen, schon die Nolands retteten ihr eigenes Leben mit einem geübten Blick in die sich zusammenballenden Wolkenmassen. Heute überwachen **Meteorologen** mit allerlei technischen Apparaten, mit Radargeräten oder auch Satellitenbildern, den Himmel. Sie achten auf Wolken und Winde, auf die Temperaturen am Boden und in der Luft, auf Luftfeuchtigkeit und Luftdruck. So wissen sie, wann die klimatischen Verhältnisse für Tornados besonders günstig sind. Um aber wirklich etwas über Tornados zu erfahren, müssen die Experten möglichst nah heran an die gefährlichen Stürme. Die legendären Tornadojäger in den USA fahren manchmal tagelang durch die Gegend, um einen der Wirbel zu entdecken und ihn dann aus allernächster Nähe zu beobachten. Eine gefährliche Aufgabe.

Wettersatelliten sind unverzichtbar.

Schüler in Texas üben, was im Falle eines Tornados zu tun ist.

Über Durchsagen im Radio und spezielle Meldesysteme warnen Meteorologen und **freiwillige Wetterbeobachter** heute die Bevölkerung. In den häufig betroffenen Gebieten kennen die Menschen inzwischen das Notfallprogramm, an vielen Schulen im Mittleren Westen der Vereinigten Staaten wird der Alarm immer wieder geprobt. Dann müssen alle in die Schutzräume oder wenigstens ins Erdgeschoss. Bloß weg von den Fenstern, raus aus Autos, und niemals versuchen, mit dem Wagen einem Tornado davonzufahren, dafür ist der Wirbelsturm zu schnell. Wichtig ist die Ausrüstung der Schutzkeller: Proviant für mehrere Tage, Batterien für Taschenlampen und Funkgeräte, frische Kleidung und Verbandsmittel.

Thema **Freiwillige Wetterbeobachter: das Skywarn-System**

In den USA hilft seit den 1970er-Jahren auch die Bevölkerung den Behörden. Der nationale Wetterdienst baut mit dem Programm Skywarn – im Deutschen könnte man das mit Himmelswarner übersetzen – auf die Mitarbeit von 280.000 besonders geschulten ehrenamtlichen Helfern. Sie

beobachten in ihrer Region regelmäßig den Himmel, halten Ausschau nach Unwettern, Gewittern und Tornados und geben die Daten an die Wetterbehörden und Medien weiter. Inzwischen gibt es auch in mehreren europäischen Ländern Skywarner.

Der Pforzheim-Tornado,
einer der schlimmsten in Deutschland

In Deutschland bilden sich sehr viel seltener Tornados, und doch entwickeln sie selbst hier manchmal ungeheure Zerstörungskraft. So etwa am 10. Juli 1968. Der Tag neigt sich schon seinem Ende entgegen, als ein Gewitter über den nördlichen Schwarzwald zieht und plötzlich ein Luftwirbel aus den dunklen Wolken erwächst. Bald reicht er bis an den Boden, ein Tornado entsteht. Auf seinem Weg

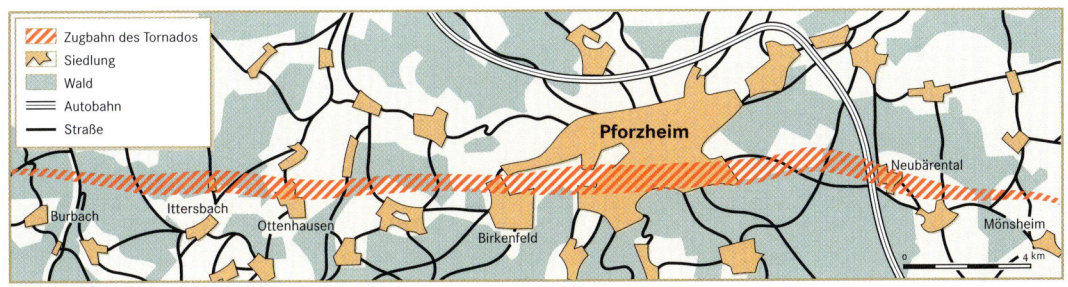

nach Osten zerstört er innerhalb weniger Minuten auf einem 500 Meter breiten und 20 Kilometer langen Streifen die Landschaft. In Pforzheim schließlich überrascht er 90.000 völlig ahnungslose Einwohner. Dächer reißen über ihren Köpfen weg, Autos wirbeln durcheinander, Bäume werden entwurzelt. Zwei Menschen sterben bei diesem Tornado der Stufe F4, mehr als 400 Menschen werden durch ihn verletzt. Nur zwei Windhosen in Deutschland sind noch mächtiger und erreichen wie der Tri-State von 1925 die 5 auf der Fujita-Skala: 1764 haben die Bewohner um Woldegk in Mecklenburg großes Glück. Der Tornado fegt auf seiner 30 Kilometer langen Strecke meist über unbewohntes Gebiet. Auch 1800 in Hainichen, einem kleinen Ort im Erzgebirge, kommen die Menschen mit dem Schrecken davon.

Der Pforzheim-Tornado fegte in Minutenschnelle über die Gegend hinweg.

Land unter!

Eine Sturmflut bedroht Hamburg

17. Februar 1962, nahe Hamburg

„Los, los, Wachsoldat. Im Laufschritt zur Kompanie. Holen Sie die Kameraden aus den Kissen, wir rücken ab! Antreten in zehn Minuten, hier vor mir. In Hamburg-Wilhelmsburg brechen die Deiche, die Leute hocken auf ihren Häusern. Die warten auf uns."

„Jawoll! Herr Hauptmann, darf ich noch eine Frage stellen?"

„Na, was denn?"

„Dürfen wir als wehrpflichtige Soldaten für solch einen Einsatz überhaupt ausrücken? Ich dachte, die Bundeswehr soll nur im Verteidigungsfall eingesetzt werden, nicht aber mitten im Frieden und innerhalb der Bundesrepublik, oder?"

„Belehren Sie mich nicht, Müller! Senator Schmidt braucht uns, wenn wir hier noch lange fromme Reden halten, sterben vielleicht Tausende Menschen. Jetzt aber zack, zack, Mann."

Bundeswehrsoldaten in einer Kaserne

Es ist Samstag, der 17. Februar 1962. Als die Soldaten an diesem Morgen nach Hamburg-Wilhelmsburg kommen, gleicht der Stadtteil der Millionenstadt einer vollgelaufenen Badewanne. Eine trübe, kalte Brühe umspült bereits meterhoch die kleinen Häuschen. Viele der niedrigen Gebäude, Lauben und Baracken, nach dem Krieg notdürftig und schnell errichtet und fast zwanzig Jahre später noch immer das Zuhause für viele der 80.000 Wilhelmsburger, sind völlig versunken. In dem brackigen Wasser treiben Trümmer und Äste,

Für die Bewohner der überfluteten Gebiete mussten Notunterkünfte eingerichtet werden.

manchmal sogar die Leichen jener Menschen, die sich in der vergangenen Nacht nicht schnell genug vor der blitzartig hereinbrechenden Flut flüchten konnten. Tausende Überlebende hocken bibbernd in der Kälte dieses Februartages, auf Dächer, Bäume und in höhere Stockwerke konnten sie sich gerade noch retten. Jetzt sind sie rundherum vom Wasser eingeschlossen, rufen verzweifelt um Hilfe, winken und fuchteln mit den Armen, damit jemand sie in Sicherheit bringt.

Ein Seenotkreuzer in der
Deutschen Bucht

Das Wasser steigt

Einen Tag zuvor ahnt niemand, dass
Wilhelmsburg, eine mitten in der Elbe
gelegene Insel, umrahmt von Neben-
und Seitenarmen des großen
Flusses, zur tödlichen
Falle werden würde.

Schon seit Stunden fegt das eisige
Sturmtief mit dem Namen Vincinet-
te über die Nordsee hinweg und
drückt das aufbrausende Meereswasser an die Küsten Nord-
deutschlands. Einige Schiffe
funken SOS, kämpfen müh-
sam gegen die raue See.
Noch schützen die al-
ten Deiche die Küsten-
orte. So war es immer,
wenn das Wasser kam.
Doch das normale Hoch-
wasser, wie es die Bewohner
dieser Gegend durch die täglichen **Gezeiten** kennen, steigt an
diesem Abend sehr viel höher als sonst.
Selbst bei Ebbe fließt kaum noch Wasser ins
Meer zurück. Denn der Wind bläst aus Nordwesten,
treibt das Meer gegen die Küste und in die Flussmün-
dungen von Ems, Weser und Elbe. Eigentlich haben
die Behörden in Hamburg und den Städten an der
Nordseeküste ein ausgeklügeltes Warnsystem für solche Fälle. Steigt beispielsweise in Cuxhaven, einer kleinen
Stadt an der Elbmündung, das Wasser an den **Deichen**

Wissen *spezial*

Was sind die Gezeiten?

Unter Gezeiten versteht man
das Wechselspiel von Ebbe
und Flut. Ausgelöst durch die
Anziehungskraft von Sonne
und Mond sowie die Drehung
der Erde, steigt und sinkt das
Wasser zweimal täglich. In
der Nordsee beträgt der
Unterschied in der Wasser-
höhe bis zu zwei Meter.

bedenklich an, landet die Nachricht gleich in Hamburg. Schließlich wird in ein paar Stunden das Wasser die Millionenmetropole flussaufwärts erreicht haben. Auch am Freitagabend sind die Polizei, die Feuerwehr, das Seewetteramt, die Hafenverwaltung und andere Behörden und Experten gewarnt. Immer neue, erschreckendere Meldungen treffen bei ihnen ein. Der Pegel wird auf zwei Meter über das normale Hochwasser steigen. Nein, auf zweieinhalb Meter, vielleicht sogar drei. Selbst vier Meter scheinen möglich! Bei einem solchen Hochwasser würden viele der Deiche unweigerlich überspült.

Wissen *spezial*

Wie funktioniert ein Deich?
Zum Meer hin ist ein Deich in der Regel lang gezogen und flach, so wird der Wasserdruck abgefedert. In mehreren, oft bis weit ins Inland reichenden Reihen schützen sie Küstenbewohner. Vor allem die Niederländer sind für ihre modernen und ausgeklügelten Deichanlagen bekannt.

Die Wilhelmsburger sind völlig ahnungslos

Das Frühwarnsystem scheint zwar zu funktionieren, doch eines haben die Experten übersehen: Die Bevölkerung, die Menschen in der Stadt, man hatte vergessen die Leute zu warnen! Mit weit zu hörenden Böllerschüssen, das ist Tradition, will man die Menschen auf die drohende Gefahr aufmerksam machen. Doch wer hört das schon an einem Freitagabend, wenn sich in der quirligen, großen Stadt die Menschen amüsieren? Wenn der Wind laut in den Baumkronen

Ein Deich muss gut befestigt sein.

Wissen **spezial**

**Was bezeichnet ein
Pegelstand?**

Ein Pegel, also eine Messlatte
oder eine spezielle Messuhr,
misst den Wasserstand von
Meeren und Flüssen.
NN steht für Normal-
null, die normale
Höhe des Wassers.
Mittleres Hochwasser
heißt, bis zu dieser
Höhe kommt durch-
schnittlich das Was-
ser bei Flut.

rauscht? Wenn Autos und Busse ziemlichen Krach machen? Selbst die, die im warmen Wohnzimmer vor dem Radio sitzen, beunruhigt die Durchsage des Nachrichtensprechers nicht besonders. Er warnt vor einer **Sturmflut** an der Küste, von Hamburg und einer Elbeflut ist keine Rede. Und all die komplizierten Zahlen und Begriffe, mit denen man die **Pegelstände** durchgibt, wer kann damit schon was anfangen? Die Stadtbewohner ahnen nicht, was den Fluss hinauf auf sie zukommt.

Es ist schon nach Mitternacht, viele Wilhelmsburger liegen friedlich in ihren Betten und schlafen. Um kurz nach ein Uhr schwappt das Wasser über die erste Deichkrone, langsam läuft es in Straßen und Keller. An einigen Stellen aber hält der Deich dem Wasserdruck nicht mehr stand, meterlange Abschnitte bre-

Thema **Sturmfluten in der Nordsee**

*I*mmer *wieder kommt es in der Deutschen Bucht, dem südöstlichen Teil der Nordsee, in der auch die Mündungen von Elbe und Weser liegen, zu verhee-*

renden Sturmfluten. Mit mehr als 36.000 Toten, vor allem an den Küsten der heutigen Niederlande, gehört die sogenannte Erste Marcellusflut von 1219 zu den schwersten. Bei der Zweiten Marcellusflut im Jahr 1362 sowie der Burchardiflut 1634 sollen noch mehr Menschen ums Leben gekommen sein. Mit immer stabileren und höheren Deichen versuchen die Küstenbewohner der Gefahr zu trotzen.

So kommt wenigstens
einer trockenen Fußes
über die Straße.

chen einfach aus den Schutzwällen heraus. Nun ergießen
sich mächtige Wellen in die Wilhelmsburger Wohnviertel,
die tosenden Massen reißen wie Wildbäche Hütten, Bäume
und Autos mit sich. Jetzt sind Feuerwehr und Polizei so
gut wie machtlos. Mit Sirenenalarm versuchen sie noch in
letzter Minute, die Menschen zu warnen, doch oft kommt
kaum ein Mucks mehr aus den Hörnern, das Wasser hat
nicht nur Stromkabel gekappt, sondern gleich ganze Elektrizitätswerke geflutet. Zahlreiche Telefonleitungen liegen
brach, Fernschreiber geben ihren Geist auf. So verlieren
die Rettungskräfte bald den Überblick über die Situation.
In Hamburg herrscht das Chaos.

Ein Politiker greift ein

Wo sind die Oberen der Stadt? Bürgermeister Nevermann
etwa ist zur Kur in Österreich. Viele der Senatoren, so heißen
in Hamburg die Minister, liegen wie andere Menschen auch
zu dieser Zeit in ihren Betten und bekommen vom Drama
anfangs gar nichts mit. Am Samstagmorgen, es ist kurz vor

sieben, nimmt Polizeisenator Helmut Schmidt im Polizeipräsidium schließlich das Heft in die Hand. Schmidt, später wird er einmal Bundeskanzler sein, war früher Offizier bei der Armee und bellt jetzt Befehle durch den Raum. Die anderen Politiker, die Einsatzleiter von Feuerwehr und Polizei, alle gehorchen ihm. Auch als Schmidt etwas tut, was er eigentlich nicht darf: Er ruft die Bundeswehr zuhilfe. Im Grundgesetz der Bundesrepublik Deutschland steht 1962 geschrieben, die Armee dürfe nicht für innere Angelegenheiten, also Polizeiaufgaben und Katastrophenschutz, eingesetzt werden. Damit wollte man nach dem Zweiten Weltkrieg ursprünglich verhindern, dass die Armee zu viel Macht bekommt und möglicherweise auch gegen die eigene Bevölkerung vorgeht. Doch um Gesetze kümmert Schmidt sich jetzt nicht. In Bonn, der damaligen Hauptstadt der Bundesrepublik, kennt er viele einflussreiche Leute persönlich. Er ruft den Bundesverteidigungsminister Franz Josef Strauß an sowie Befehlshaber der **NATO**, die einige ihrer Soldaten auch in Deutschland stationiert haben. Mit Erfolg. Innerhalb weniger Stunden kommen mehr als 10.000 Soldaten der Bundeswehr sowie der britischen, amerikanischen und holländischen Streitkräfte nach Hamburg und packen mit an. Mit ihren insgesamt einhundert Armee-Hubschraubern holen sie in halsbrecherischen Aktionen Überlebende von den Dächern der überfluteten Häuser. Aus der Luft bekommen die Helfer endlich einen Überblick, retten vom Wasser eingeschlossene Menschen oder versorgen sie mit Lebensmitteln. Und mit einer Unmenge von Sandsäcken flicken sie die geborstenen Deiche.

Wissen *spezial*

Was ist die NATO?
Die NATO, 1949 gegründet, ist ein internationales, militärisches Bündnis. Heute gehören ihm 26 Staaten aus Europa und Nordamerika an. Wird eines der Mitgliedsländer angegriffen, müssen die NATO-Partner ihm helfen. Der Hauptsitz des Bündnisses ist Brüssel.

Helmut Schmidt sorgt für schnelle Rettungsmaßnahmen und holt die Bundeswehr zu Hilfe.

Auch bei der Elbeflut in Ostdeutschland 2002 unterstützen Soldaten die Bevölkerung, zum Beispiel sichern sie Deiche.

Doch für mehr als 300 Menschen kommt jede Hilfe zu spät, sie sterben in den Fluten. Unter ihnen sind auch einige der Tausenden von Helfern, die manchmal mit ihren kleinen Schlauchbooten selbst untergehen und Hilfe brauchen. Mehr als 20.000 Hamburger sind obdachlos. Mit Matrat-zen, Decken und ein paar Kleidungsstü-cken versorgt, müssen sie oft tagelang in Notunterkünften unterkommen. Selbst als das Wasser wieder absinkt, können viele Wilhelmsburger längst nicht in ihre Häuser zurück. Trümmer liegen überall herum, in den Häusern klebt der Schlamm an den Wänden.

Vom Wasser einge-schlossene Bewohner werden gerettet.

Manche Straßenzüge sind so stark zerstört, dass sich hier nur noch der Abriss der Häuser lohnt. 1976 kommt erneut eine Sturmflut bis nach Hamburg, gewaltiger als alle bishe-rigen. Doch die neuen Deiche sind höher und stabiler als die in den 60ern, nun halten sie den Wassermassen stand.

Das Christkind **bringt Chaos**

El Niño und das Weltklima

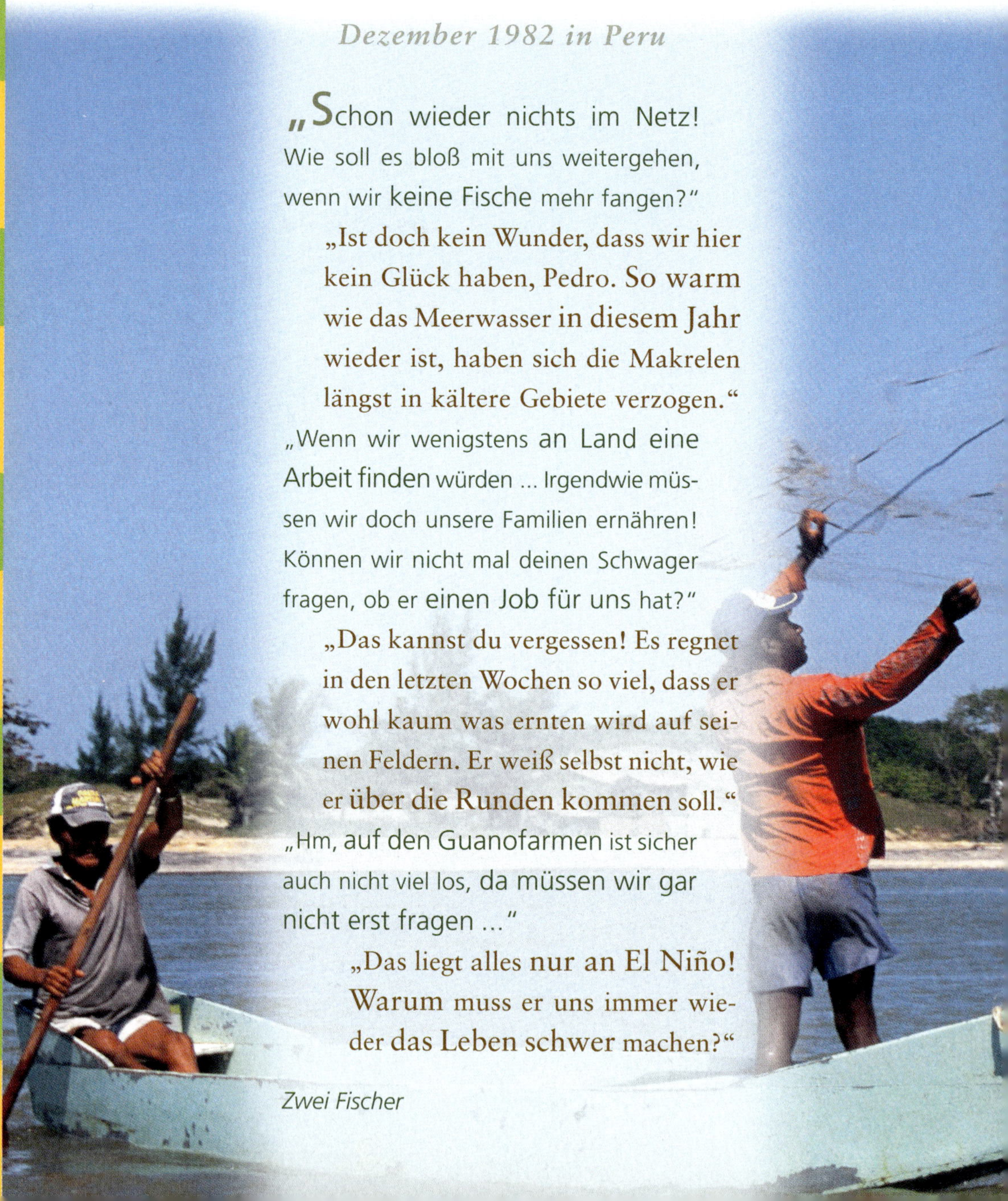

Dezember 1982 in Peru

„Schon wieder nichts im Netz! Wie soll es bloß mit uns weitergehen, wenn wir keine Fische mehr fangen?"

„Ist doch kein Wunder, dass wir hier kein Glück haben, Pedro. So warm wie das Meerwasser in diesem Jahr wieder ist, haben sich die Makrelen längst in kältere Gebiete verzogen."

„Wenn wir wenigstens an Land eine Arbeit finden würden ... Irgendwie müssen wir doch unsere Familien ernähren! Können wir nicht mal deinen Schwager fragen, ob er einen Job für uns hat?"

„Das kannst du vergessen! Es regnet in den letzten Wochen so viel, dass er wohl kaum was ernten wird auf seinen Feldern. Er weiß selbst nicht, wie er über die Runden kommen soll."

„Hm, auf den Guanofarmen ist sicher auch nicht viel los, da müssen wir gar nicht erst fragen ..."

„Das liegt alles nur an El Niño! Warum muss er uns immer wieder das Leben schwer machen?"

Zwei Fischer

Keine Makrele weit und breit, das Netz von Pedro und Miguel ist so gut wie leer. Wieder mal ein schlechter Tag für die beiden Fischer. Schon seit einigen Wochen haben sie kaum noch Glück, wenn sie mit ihren kleinen Booten raus auf den Pazifik fahren. Denn kurz vor Weihnachten des Jahres 1982 hat sich die sonst so kühle, fischreiche Küstenregion Perus in ein viel zu warmes Meer verwandelt, in dem weder ausreichend **Plankton** wächst noch Fische sich sonderlich wohl fühlen. Die großen Schwärme von Sardellen, Sardinen und Makrelen sind in andere Gewässer verschwunden. Doch nicht nur die peruanischen Fischer müssen jetzt zusehen, wie sie über die Runden kommen. Im Inneren des Landes verregnet die Ernte, und auch die zahlreichen Vogelarten wie Kormorane, Pelikane und Tölpel – in riesigen Kolonien brüten sie sonst an der Küste des südamerikanischen Landes – finden ohne die Fische keine Nahrung mehr und wandern ab. Ohne Vögel aber kein Guano, das ist für Perus Wirt-

Wissen *spezial*

Was ist Plankton?
Der Ausdruck kommt aus dem Griechischen und bedeutet „das Umherirrende". Plankton, Hauptnahrung für zahlreiche Tierarten wie Wale und Fische, sind kleinste Organismen, also Bakterien, Pflanzen oder auch kleine Tiere wie Krill, die in allen Meeren vorkommen, je nach Wasserqualität und Temperatur.

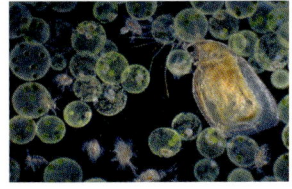

Verregnete Ernten und fischlose Meere entziehen den Menschen die Nahrungsgrundlage.

Pelikane müssen anderswo nach Futter suchen.

schaft eine weitere schreckliche Nachricht. Guano, so nennt man den Kot dieser Federtiere, ist ein nährstoffreicher, natürlicher Dünger, der weltweit vermarktet wird.

Alle Jahre wieder…

Erwärmtes Wasser steigt als Dampf nach oben und kehrt als Regen zurück.

Wirklich überrascht sind Pedro und Miguel nicht, schon seit Jahrhunderten kennen die Menschen Perus das seltsame Phänomen: Jedes Jahr zur Weihnachtszeit steigt die Temperatur des Meeres an ihrer Küste an, in manchen Jahren sogar so stark, dass weltweit das Klima heillos durcheinandergerät. **El Niño**, das ist der spanische Ausdruck für „der Knabe" oder auch „das Christkind", so nannten schon im 16. Jahrhundert die Peruaner das Ereignis, für dessen Ursa-

Thema Die kleine Schwester von El Niño: La Niña

La Niña, „das Mädchen", ist so etwas wie die kleine Schwester von El Niño oder auch ein Anti-El-Niño. Sie bewirkt das Gegenteil, also verstärkt die normalen Klimabedingungen im Pazifik. Sie bringt Regen nach Indonesien, kühles Wasser an die südamerikanische Küste, aber sorgt

auch wieder für mehr Hurrikans über den Vereinigten Staaten oder Dürren in Ländern, die noch unter El Niño im Regen unterzugehen drohten. Ihre Auswirkungen sind jedoch längst nicht so katastrophal wie die ihres „großen Bruders".

Geister sollen vor El Niño
schützen.

che die Forscher noch immer keine wirkliche Erklärung haben. So viel aber steht fest: Normalerweise fließt entlang der Westküste Südamerikas der Humboldtstrom, eine kühle Meeresströmung, die sich aus den kalten Wassern der Antarktis speist und hoch nach Norden Richtung Äquator verläuft. Das kalte Wasser ist voller Nährstoffe, Plankton wächst prächtig, riesige Fischschwärme haben genügend Futter. Zudem herrscht durch das kühle Wasser ein ständiges **Hochdruckgebiet** an der südamerikanischen Küste von Peru und Ecuador. Das heißt hier, es gibt milde Temperaturen und nur wenig Regen. Der Südostpassat, er weht aus südlicher Richtung von Ost nach West auf die andere Seite des Pazifiks, treibt das Wasser von Südamerika nach Indonesien und Australien. Hier erwärmt es sich und steigt dann als Wasserdampf in die Wolken auf, ein beständiges Tiefdruckgebiet entsteht, das für viel Regen in der Region sorgt. In

Wissen *spezial*

Was ist ein Hochdruckgebiet?

Als ein Hoch bezeichnet man eine Luftmasse, die einen höheren Luftdruck hat als ihre Umgebung. In einem Hochdruckgebiet sinkt Luft nach unten, etwa über kaltem Meereswasser, dort drängt sie sich dicht zusammen, der Druck steigt. In Bodennähe strömt dann die Luft aus dem Hoch in ein Gebiet mit niedrigerem Druck.

El Niño löst nicht nur starke Regenfälle aus, …

Indonesien beispielsweise nährt das Nass die Pflanzen des Regenwaldes. Durch die unterschiedlichen Wassertemperaturen entstehen also unterschiedliche Luftdruckgebiete. Und diese Luftdruckunterschiede zwischen der West- und Ostküste des Pazifiks wiederum sorgen für die unterschiedliche Wassertemperatur: Aus dem Hochdruckgebiet vor Südamerika strömt entlang dem Äquator die Luft Richtung Tiefdruckgebiet in Asien. Und diese Luftströmung wiederum schiebt das warme Oberflächenwasser des Pazifiks von Peru bis nach Indonesien, dadurch kann das kalte Wasser des Humboldtstroms das Küstenwasser vor Südamerika abkühlen, ein Hochdruckgebiet entsteht, und der Kreislauf beginnt von Neuem.

Wissen spezial

Was sind die Passatwinde?

Die Passatwinde sind ein sehr beständiges Windsystem, sie wehen von Nordost (auf der Nordhalbkugel) bzw. Südost (auf der Südhalbkugel) Richtung Westen um die Erde. Segelschiffe nutzen die Winde bis heute, um die großen Ozeane zu überqueren.

El Niño schlägt zu

El Niño aber unterbricht diesen Kreislauf. Die **Passatwinde** und damit die Luftzirkulation über dem Ozean werden schwächer oder kommen sogar völlig zum Erliegen, somit liegt auch der Wasserkreislauf zwischen Südamerika und Indonesien brach, oder, noch schlimmer, er dreht sich um. Dann fließt das warme Oberflächenwasser plötzlich von West nach Ost, vom tropischen Meer vor Asiens Küste hinüber nach Amerika. Vor der Küste Perus wird das Wasser immer wärmer, 1982/83, als El Niño besonders heftig zuschlägt, ist es durchschnittlich sieben Grad Celsius über der sonst üblichen Temperatur. Dadurch entsteht hier auf einmal ein **Tiefdruckgebiet**, das so ungewöhnlich viel Regen bringt. Und in Indonesien leidet der Dschungel unter einer Dürre. Ebenso die Philippinen und Teile Indiens. Auch Australien brütet nun in der großen Hitze, in diesem Jahr wüten besonders verheerende Waldbrände und Buschfeuer. Doch nicht nur über dem Pazifik sorgt El Niño für ein klimatisches Durcheinander, Experten vermuten, dass weltweit die Auswirkungen des Phänomens zu spüren sind. Ein milderer Winter in Kanada, wenig Schnee in den USA, Hurrikane an der kalifornischen Küste, besonders viel Regen in

… sondern sorgt auch für Trockenheit und erhöhte Brandgefahr.

Wissen *spezial*

Was ist ein Tiefdruckgebiet?

Ein Tiefdruckgebiet oder Tief bezeichnet ein Gebiet mit niedrigem Luftdruck. Es entsteht, wenn kalte und warme Luftmassen aufeinandertreffen. Dadurch kommt es zu einer Rotationsbewegung an der Front, an der sich die Luftmassen begegnen. Das führt zur Bildung von Wolken und Niederschlägen.

Wenn kein Schnee mehr fällt, müssen Schneekanonen aushelfen.

Hier war mal ein See!
Heute ist die Erde voll-
kommen ausgedörrt.

Somalia, während im Süden des Kontinents alles vertrock-
net. Auf Mitteleuropa oder Zentralasien schließlich hat El
Niño vermutlich keinen so großen Einfluss mehr, genau
aber lässt sich das nicht sagen.

Das Klima im Fokus der Wissenschaft

El Niño kehrt in unregelmäßigen Abständen zurück, etwa
alle drei bis sieben Jahre. Aber obwohl El Niño schon seit
Jahrhunderten in Südamerika bekannt ist, rücken erst die
Ereignisse von 1982/83 das Phänomen in die Öffentlichkeit
der Welt. Versicherungen berichten von milliardenhohen
Schäden rund um den Globus, die Wettermeldungen aus
allen Teilen der Welt sind auffällig und verrückt. Noch inten-

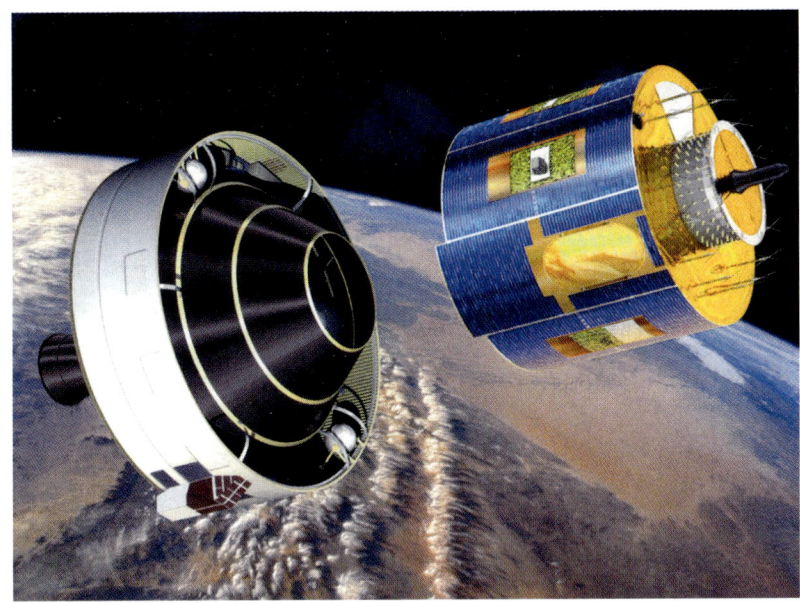

Satelliten senden perma-
nent Bilder zur Erde,
mit deren Hilfe Wetter-
entwicklungen vorherge-
sagt werden können.

siver forschen nun die Wissenschaftler nach den Zusammen-
hängen des Klimas. Die Anstrengungen haben Erfolg.
1997/98, als erneut ein besonders starker El Niño die Welt
bedroht, sind die Menschen vorgewarnt. Tausende Messbojen auf den Weltmeeren, Satellitenmessungen der Wassertemperatur, Wetterstationen quer über den Pazifik verstreut,
sie haben über Jahre hinweg den Mete-
orologen wichtige Klimadaten geliefert.
Jetzt können sie das Ereignis oft schon
Monate früher vorhersagen, Regierungen hätten Zeit zum Beispiel Lebens-
mittelvorräte anzuschaffen, damit die
Bevölkerung nicht hungert, wenn dem
Land eine Dürre droht. Doch die Menschen müssen weiterhin mit El Niño

In der Wetterstation auf
der Erde werden die Auf-
nahmen ausgewertet.

leben. Einfach ist das nicht, allein in den Jahren 1983 und
1998, also zum Höhepunkt der beiden besonders starken El-
Niño-Ereignisse, haben die Fischer des Landes nur noch halb
so viel im Netz wie in den Jahren zuvor.

Aschermittwoch im Sommer

Buschfeuer fegen über Australien

16. Februar 1983 in Australien

„Da bist du ja wieder! Los, steig ein! Mann, du glaubst nicht, wie schrecklich es hier im Wagen eben war. Ich konnte das Feuer sehen, ganz nah, da vorne hat es ein Haus in wenigen Sekunden geradezu aufgefressen! Dann wackelte der Truck wie verrückt, bis hinten die Scheibe in tausend Stücke geflogen ist, wie bei einer Explosion! Ich dachte, mein Leben wäre zu Ende. Und du, bist du in Ordnung?"

„Ja, mir ist nichts passiert. Ich habe mich mit den anderen Feuerwehrleuten abgesprochen, wir fahren zurück. Draußen ist die Hölle los, wir müssen hier wegkommen. Verdammt, der Wagen springt nicht an!"

„Nun mach schon! Sollen wir hier verbrennen? Wenn bloß der Wind nicht so schnell wäre, er facht dieses elende Buschfeuer immer wieder an."

Zwei Feuerwehrmänner

Sengend heiß ist die Luft, die den beiden Feuer-
wehrmännern an diesem **Aschermittwoch**, dem
16. Februar 1983, fast den Atem raubt.
Verzweifelt versuchen sie ihren Wagen zu starten.
Der Fahrer dreht den Schlüssel, einmal, ein zweites Mal. Nichts. Wie eine Ewigkeit kommt es ihnen
vor, bis der Motor endlich anspringt. Schleunigst
machen sich die beiden davon, weg, bloß weg von
dem gewaltigen Buschfeuer, das sich in Windeseile
durch die trockene Landschaft des australischen
Bundesstaates Victoria frisst. Zurück in ihrem
Heimatort an der Küste, schaffen sie es, immer
wieder kleinere Brandherde zu löschen. Weiter südwestlich, im Hinterland und an vielen Stellen entlang der Küstenstraße jedoch ist nichts mehr zu
retten. Häuser brennen nieder wie Stroh. Bäume
und Büsche verwandeln sich in schwarz verkohlte
Stumpen. Hilflos sehen die Menschen zu, wie ihr Hab und
Gut verglimmt, wie Vieh und Wildtiere verzweifelt versu-

Wissen *spezial*

Was ist Aschermittwoch?
An Aschermittwoch, dem
Mittwoch nach Fasching,
beginnt die 40-tägige christ-
liche Fastenzeit. Sie dauert
bis Ostern. Mit einem Kreuz,
gemalt mit der Asche eines
im Vorjahr geweihten Palm-
zweigs, werden die Gläubi-
gen gekennzeichnet.

Die Feuerwehr versucht,
ein Haus vor den alles
verzehrenden Flammen
zu schützen.

chen, der heißen Naturgewalt zu entkommen. Solch ein verheerendes Buschfeuer wie bei diesen sogenannten Aschermittwochs-Bränden haben die Australier noch nicht erlebt.

Wenn das Land Feuer fängt

Viele Wildtiere kommen bei den Buschbränden um.

Der australische Sommer beginnt im November, und während die Europäer auf eine weiße Weihnacht hoffen, sitzen die Australier am Strand. Schon früh ahnen die Meteorologen, dass dieser Sommer 1982/83 besonders warm und trocken werden wird. Vor allem in Victoria, dem kleinsten und dicht besiedelten Bundesstaat im äußersten Süden Australiens, ist man sich der Feuergefahr bewusst. Hohe Temperaturen, wenig Regen, immer wieder brennen hier Wälder und Buschlandschaften, Jahr für Jahr. Wenn über Wochen kein Regen fällt, Laub und Äste staubtro-

Vor den Flammen eines Großflächenbrandes ist nichts sicher.

Weggeworfene Zigarettenkippen können verheerende Brände auslösen.

cken sind, reicht oft ein einziger Funke. Meist ist es Blitzschlag beim Gewitter, aber auch Funken aus Stromleitungen oder eine unachtsam weggeworfene Zigarette lösen immer wieder Brände aus, denen jedes Jahr weltweit Tausende **Hektar** Land zum Opfer fallen. In Victoria sprechen die Behörden am 24. November 1982 zum ersten Mal in dieser Saison, so früh wie sonst nie, einen Total Fire Ban aus, ein absolutes Verbot offener Feuer. Keine Lagerfeuer, kein Grillen mit Kohle oder Holz, keine Schweiß- und Schleifarbeiten im Freien, alles, was Funken schlagen und die verdorrte Umgebung entzünden könnte, ist an einem solchen Tag verboten. Die Regierung Victorias stellt vorsorglich zusätzliche Feuerwehrleute für den Sommer ein, die Feuerwachen bekommen neue Ausrüstung und mehr Löschflugzeuge. Die Vorkehrungen scheinen zu wirken. In den nächsten Monaten lodern immer wieder kleinere Buschfeuer auf, doch die Brandschutzleute bekommen sie gut in den Griff.

Wissen *spezial*

Wie groß ist ein Hektar?
Der Ausdruck Hektar bezeichnet ein Flächenmaß. Ein Quadrat mit den Seitenmaßen von 100 Metern hat die Fläche von 10.000 Quadratmetern, also einem Hektar. Das ist umgerechnet so groß wie anderthalb Fußballfelder.

Wissen spezial

Was bedeutet Luftfeuchtigkeit?

Luftfeuchtigkeit bezeichnet den Anteil von Wasserdampf in der Luft, er wird in Prozent angegeben. Abhängig von Temperatur und Luftdruck nimmt die Luft unterschiedlich viel Wasserdampf auf. Man spürt die feuchte Luft, etwa bei Nebel oder wenn in der Küche Wasser auf dem Herd verkocht.

In Australien kommt es immer wieder zu Feuersbrünsten.

Die Flammenhölle breitet sich aus

Im Februar jedoch, einem der heißesten und trockensten in der Geschichte Australiens, geschieht das Unglück. Am 16. Februar weht ein heißer Wind aus Norden, aus dem Inneren des australischen Kontinents. Über 40 Grad Celsius zeigen die Thermometer am Vormittag, die **Luftfeuchtigkeit** sinkt unter 15 Prozent, normal wären eigentlich um die 50 Prozent. Am frühen Nachmittag gehen die ersten Brandmeldungen in den Feuerwachen Victorias ein. Auch im Nachbarstaat South Australia flackern erste Feuer in der Landschaft auf. Die Einsatzroutine beginnt nun auch für die Feuerwehr. Die Männer machen sich auf in die Hügelketten und Wälder in ihrem Bezirk südwestlich von Victorias Hauptstadt Melbourne, um mit ihrer gefährlichen Arbeit zu beginnen. Doch immer wieder weht der Wind brennende Partikel durch die Luft, die einige Meter vor der eigentlichen Feuersfront zu Boden fallen und neue Brände auslösen. Innerhalb kurzer Zeit kämpfen die Feuerwehrleute, die zahlreichen Helfer vom Katastrophen-

schutz und unzählige Zivilisten gegen mehr als 150 Brände in Victoria und South Australia. Anfangs arbeiten sich die Feuerfronten stetig von Nord nach Süd. Sie bilden einen schmalen, dafür sehr lang gezogenen Korridor durch die Landschaft. Doch dann, am frühen Abend, wechselt die Windrichtung. Plötzlich treibt das Feuer rasend schnell, manchmal mit mehr als 100 Kilometern pro Stunde, Richtung Osten. Die Wand aus Flammen ist auf einmal sehr breit, an manchen Stellen mehr als einen Kilometer. Damit hatten die Menschen nicht gerechnet. Östlich von Melbourne etwa überrascht der plötzliche Richtungswechsel des Windes einen Feuerwehrlaster. Als man später den völlig ausgebrannten Wagen mit den Leichen der Feuerwehrleute findet, soll der Fahrer noch die Hände am Lenkrad halten, wird berichtet. Insgesamt sterben an diesem Tag 74 Menschen in den Flammen. Knapp 4200 Quadratkilometer Land brennen nieder, eine Fläche mehr als anderthalbmal so groß wie das Saarland. 2500 Häuser sind zerstört und ganze Landstriche sehen aus wie Mondlandschaften, als das Feuer endlich erlischt oder unter Kontrolle ist.

Löschflugzeuge werfen eingefärbtes Wasser ab, um Waldbrände zu bekämpfen.

Ein Hausbesitzer begutachtet sein Heim nach der Brandkatastrophe.

Feuer mit Feuer bekämpfen

Die **Aborigines**, die Ureinwohner Australiens, leben schon seit Jahrtausenden mit dem Feuer. Und sie haben einen Weg gefunden, mit der Gefahr umzugehen. Regelmäßig legen sie in feuchteren Monaten absichtlich kleine Brände. Dabei brennen heruntergefallenes Laub und abgestorbene Äste ab, die frischen Büsche und Bäume jedoch bleiben stehen. Durch diese kontrollierten Brände finden die Feuer in der trockenen Jahreszeit nicht so viel Nahrung, die Buschfeuer bleiben überschaubar. Diese vorbeugende Methode wird auch in der modernen Forstwirtschaft und Feuerwehrarbeit angewandt. Zudem versuchen die Experten manchmal, mit Sprengstoff oder schwerem Räumgerät Schneisen in die dicht bewachse-

Aborigines, die Ureinwohner Australiens

Thema   Satellit BIRD hat weltweit Feuer im Auge

Im Herbst 2001 schickt das deutsche Zentrum für Luft- und Raumfahrt den kleinen Satelliten BIRD ins All. Der Name steht für Bispektrale Infrarot-Detektion: Mithilfe eines besonders feinen Infrarotmessgeräts kann

BIRD aus einer Ferne von mehr als 570 Kilometern über der Erde die Ausdehnung und die Flammentemperaturen von Waldbränden auf unserem Globus erkennen. Im Gegensatz zu einem einfachen Foto können die Infrarotaufnahmen auch bei dichtem Rauch über dem Brandgebiet die genauen Ausmaße des Feuers zeigen.

ne Landschaft zu schlagen. Hier sollen die Buschfeuer und Waldbrände zum Erliegen kommen, weil ihnen die Nahrung ausgeht. In besonders schwierigen Fällen werfen spezielle Löschflugzeuge Wasser aus der Luft ab, gleichzeitig beobachten **Satelliten** aus dem Weltall, wo genau sich die Feuer ausbreiten. Gerade in entlegenen Gebieten bekommen die Feuerwehrmänner so einen guten Überblick über die Lage.

Ein verzweifelter Kampf

In Australien sind am Aschermittwoch 1983 mehr als 16.000 Menschen im Einsatz. Mit Helikoptern, schweren Fahrzeugen und Löschschaum versuchen sie, das Feuer unter Kontrolle zu bekommen. Die Bewohner der betroffenen Region warten dringend auf Hilfe, viele von ihnen sind aus den großen Städten Melbourne und Adelaide hierher aufs Land gezogen, mit Buschfeuern haben sie keine Erfahrung. Doch selbst die Feuerwehr kann oft nichts mehr retten, die Brandbekämpfer treten den Rückzug an. Sie lassen das Feuer brennen, bis es die Küste erreicht und erlischt. Am nächsten Morgen riecht die Luft verbrannt, überall bedeckt Asche den Boden. Die Bewohner von Victoria und South Australia machen sich wieder daran, ihre Heimat aufzubauen. Brücken, Straßen, ganze Städtchen müssen repariert oder neu errichtet werden. Die Brände vom Aschermittwoch zählen zu den teuersten Naturkatastrophen in der Geschichte des Landes. Ein Notfallplan, feuersichere Häuser, besser informierte Bewohner und dicker isolierte Überlandleitungen sollen ein solches Unglück in Zukunft verhindern.

Wissen *spezial*

Wer sind die Aborigines?
Die Völker der Aborigines, der Ureinwohner Australiens, gehören zu den ältesten der Welt. Vor vermutlich 40.000 Jahren besiedelten die Vorfahren der heute etwa 450.000 Aborigines den südlichen Kontinent. Obwohl sie vor den weißen Siedlern da waren, hatten sie bis in die zweite Hälfte des 20. Jahrhunderts kaum Rechte.

Feuerwehrmänner löschen die Überreste eines abgebrannten Hauses.

Hunger und Elend

Die Dürre in Äthiopien

1. November 1984 in Äthiopien

„Im Norden Äthiopiens herrscht der Hunger, an jedem Straßenrand, an den Toren einer jeden Stadt. Hunderttausende fliehen vor dem Krieg, Tausende sterben auf ihrem Weg.

Es wird befürchtet, dass bis zu **einer Million Menschen sterben** könnten, wenn die Welt sich **jetzt nicht kümmert.** Die Notunterkünfte sind überfüllt, Rettung ist nicht in Sicht. Ohne Fortbewegungsmittel müssen die Hungernden vorankommen, sie laufen tagelang, um zu den Essensausgaben zu gelangen. Die Ausmaße der Katastrophe sind erschütternd.

In Korem, einer Stadt in den Bergen, flehen 200.000 Menschen um Hilfe, doch die Lager können nur ein Zehntel von ihnen mit Essen versorgen. Vor drei Monaten starben hier jeden Tag 20 Menschen, heute sind es einhundert täglich."

Ein Reporter der CBC

Eine Fernsehkamera zeichnet das Elend auf Band: Dünne, ausgemergelte Menschen kauern auf dem sandigen Boden, mit kraftlosen Händen versuchen manche, die unzähligen Fliegen aus ihren hageren Gesichtern zu verscheuchen. Andere haben selbst das aufgegeben, schwach dämmern sie auf dem harten Boden in der gleißenden Sonne. Und wer sich noch auf den Beinen halten kann, wankt ziellos über den öden Platz. In einem anderen Fernsehbericht wird ein kleines Mädchen gezeigt, das kraftlos in den Armen seines Vaters liegt, ihr Mund steht offen, die Augen sind halb geschlossen. Sie wird bald sterben, wenn nicht ein Wunder geschieht. Staubtrocken und karg ist es 1984 in Äthiopien, seit Monaten herrscht in dem afrikanischen Land eine schreckliche Dürre, die Nahrungs- und Wasservorräte der Menschen sind aufgebraucht. Acht Millionen Äthiopier hungern. Birhan Woldu, das kleine Mädchen aus dem Fernsehbericht des kanadischen Journalisten Brian Stewart, gehört dazu.

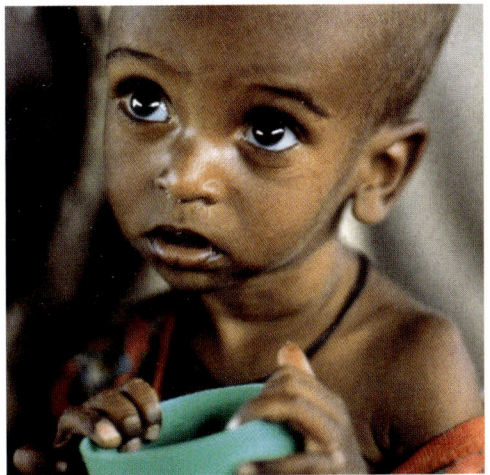

In Äthiopien führen Dürren immer wieder zu schweren Hungersnöten.

Staubtrockenes Land

Dürre, das bedeutet oft Wochen, Monate oder sogar Jahre ohne ausreichenden Regen, Pflanzen, die nicht mehr wachsen oder ganz eingehen, Flüsse und Seen, die nach und nach austrocknen. In Äthiopien, einem der ärmsten Länder der Welt, ist das keine Seltenheit. Denn das Land liegt teilweise in der **Sahel**zone, einem Gebiet an der Südgrenze der Sahara, das sich quer über den afrikanischen Kontinent vom Atlantik bis

Wissen *spezial*

Was bedeutet der Name Sahel?

Der Name Sahel kommt aus dem Arabischen und heißt so viel wie Küste oder auch Ufer. Die Nomaden in der Sahara haben die Wüste als Sandmeer empfunden, die spärlich bewachsene Sahelzone erschien ihnen wie eine Küste.

Der äthiopische Diktator
Mengistu Haile Mariam

an das Rote Meer erstreckt. Der Sahel ist vor allem eine
Dornensavanne, kleine Büsche und ein trockenes Klima
prägen das Landschaftsbild. Regenzeiten und Trockenpe-
rioden wechseln sich ab, dabei dauern die Zeiten ohne
Regen bis zu zehn Monate im Jahr. Seit Jahrhunderten
leben die Menschen mit diesen Klimawechseln, bleibt der
Niederschlag aus, wanderten früher Bauern und Viehzüchter in feuchtere Gebiete, um weiterhin Nahrung und
Wasser für sich und ihre Tiere zu bekommen. Doch inzwischen bevölkern immer mehr Menschen den Sahel, die
Land- und Viehwirtschaft laugen die Böden noch zusätzlich aus, die Wüstenlandschaft breitet sich stetig aus.
Immer schwieriger wird es, in fruchtbarere Gegenden
auszuweichen. In den 1970er- und 1980er-Jahren sorgen
Dürrezeiten schließlich für schwere Hungersnöte, sie bedrohen an die 50 Millionen Afrikaner.

Große Dürre lässt auch
die letzten Wasserspeicher,
die Seen, austrocknen.

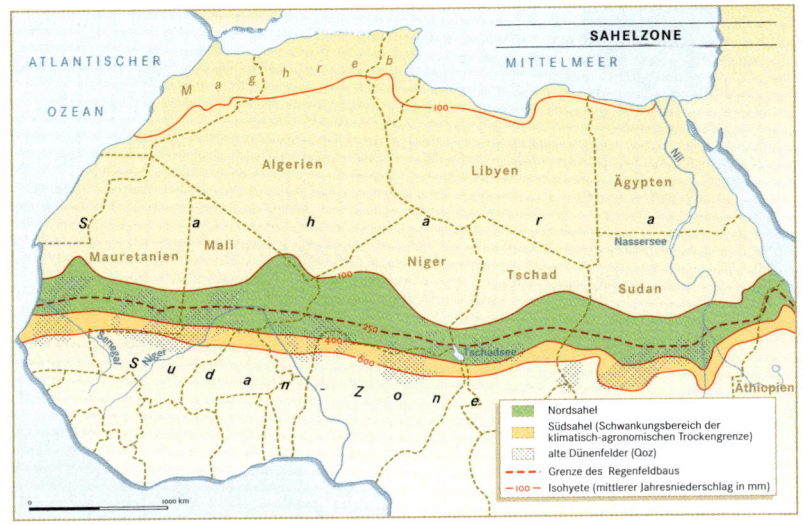

SAHELZONE

Der Sahel ist eine Übergangszone: Im regenarmen Norden geht er in die Wüste über, im regenreicheren Süden in die Savanne.

Nordsahel
Südsahel (Schwankungsbereich der klimatisch-agronomischen Trockengrenze)
alte Dünenfelder (Qoz)
Grenze des Regenfeldbaus
Isohyete (mittlerer Jahresniederschlag in mm)

Nicht nur die Dürre macht Äthiopien zu schaffen. Politische Gruppen streiten sich mit Gewalt um Einfluss und Macht. In **Eritrea** etwa, einer Provinz im Norden des Landes, kämpfen Rebellen gegen die Truppen des äthiopischen Herrschers Mengistu. Sie wollen die Unabhängigkeit Eritreas erreichen. Mengistu, ein gnadenloser Diktator, kauft mit dem Geld des äthiopischen Staates vor allem Waffen, um gegen die Aufständischen vorzugehen. Für die hungernden Menschen bleibt nichts mehr übrig. Sie wandern hilflos durchs Land, fliehen vor den Kämpfen, dem Hunger, der Trockenheit, der Hitze am Tag und der nächtlichen Kälte. Auch Birhan Woldu, das kleine Mädchen, und ihre Familie hoffen in einem der Flüchtlingslager auf Hilfe. Hier in Korem, einer Stadt in der Provinz Tigray, ist die Not besonders groß. Zeitweise leben über 30.000 Kinder und noch mehr Erwachsene in dem Notlager. Doch das Essen reicht nicht für alle, auch die Ärzte können meist nur hilflos zusehen, wie die Menschen vor Hunger und Erschöpfung ster-

Wissen *spezial*

Der Staat Eritrea
Die ehemalige italienische Kolonie Eritrea gehört nach dem Zweiten Weltkrieg zu Äthiopien. Der blutige Kampf um Unabhängigkeit führt 1991 zum Erfolg: Eritrea wird mit seinen knapp fünf Millionen Einwohnern ein eigenständiger Staat. Die Konflikte mit dem Nachbarn Äthiopien aber dauern an.

Erschöpft hoffen die Flüchtlinge in Notlagern auf Hilfe.

ben, einfach so, auf dem harten Boden, unter freiem Himmel, nur mit ein paar Tüchern bekleidet. Die Nachttemperaturen um den Gefrierpunkt zehren die geschwächten Menschen noch weiter aus.

Auf einmal schaut die Welt hin

Schon seit Monaten verschlimmert sich die Lage in Äthiopien, doch obwohl im Herbst 1984 allein in Korem jeden Tag hundert Menschen durch den Hunger sterben, scheint das den Rest der Welt nicht sonderlich zu kümmern. Das ändert sich, als die Journalisten nach Korem kommen. Im Oktober zeigt der englische Fernsehsender BBC die ersten Berichte über die Katastrophe und am 1. November strahlt der kanadische Kanal CBC den Beitrag von Brian Stewart aus. Die Menschen in ihren warmen Wohnzimmern sind erschüttert. Jetzt diskutieren auf einmal Politiker in Nordamerika und Europa über Äthiopien, versprechen Hilfe, schicken Geld, Medikamente und Lebensmittel. An Schulen, in Fabriken, in der Nachbarschaft, überall werden Geld und Hilfsgüter gesam-

Eine junge Mutter hatte Glück und trägt einen Sack Maismehl nach Hause.

melt, um sie für Äthiopien zu spenden. Auch Prominente und **Musiker** wie der irische Popsänger Bob Geldof wollen helfen, sie gründen die Band Aid und organisieren ein Benefizkonzert. Doch selbst jetzt es ist gar nicht so einfach, den Menschen in der Krisenregion zu helfen. Diktator Mengistu lässt die Hilfe aus dem Ausland nur unter besonderen Bedingungen ins Land. Er will mit dem Hilfsgeld auch seine eigene Politik unterstützen. Damit vergrößert er meist nur das

Auch aus Deutschland kommt Hilfe: Herbert Grönemeyer und Johannes Rau werben 2003 für ein Hilfsprojekt.

Thema **Musiker singen gegen den Hunger**

Band Aid ist ein Zusammenschluss von mehr als 40 Popstars. Unentgeltlich nehmen die Künstler eine Schallplatte auf und singen während des Live-Aid-Konzertes im Juli 1985, auch Madonna und der Ex-Beatle Paul McCartney

sind dabei. Mehr als eine Milliarde Menschen weltweit sollen damals das Spektakel im Fernsehen gesehen haben. Die Erlöse aus dem Verkauf der Schallplatten und Tickets, über 100 Millionen US-Dollar, gehen an Hilfsprojekte für die Hungernden in Afrika.

Aufgrund der Dürre sind Weideflächen rar geworden. Hirten ziehen mit ihren Tieren übers Land, um Nahrung zu finden.

Elend, etwa indem er Tausende Menschen aus ihrer angestammten Region vertreibt und unter Zwang umsiedelt. Bis zum Ende der großen Hungersnot sterben in Äthiopien eine Million Menschen. Birhan Woldu aber überlebt mit ihrem Vater die schwere Zeit, Mutter und Schwester jedoch verliert sie. Bis heute lebt Birhan in ihrer Heimat.

Das Land verwüstet

Eine Dürre kann durch ganz natürliche Wetterschwankungen entstehen, in manchen Jahren regnet es einfach weniger als in anderen. Über Jahrtausende haben sich die Menschen sowie **Flora und Fauna** in den häufig betroffenen Regionen meist gut an diesen Wechsel von Trockenheit und Regen angepasst. Wenn sich aber ein Landstrich nachhaltig verändert, sich nicht nur für drei, vier Jahre, sondern endgültig in eine trockene Einöde verwandelt, spricht man auch von **Desertifikation**, also von einer Versteppung und schließlich Wüstenbildung. Der Klimawandel, aber vor allem die Menschen tragen dazu bei, dass ohnehin schon sehr trockene Gebiete in beispielsweise Südeuropa und in Australien mehr und mehr zur staubigen Steppe wer-

Wissen *spezial*

Was sind Flora und Fauna?
Spricht man von Flora und Fauna, sind damit die Pflanzen- und die Tierwelt gemeint. Flora war in der antiken römischen Mythologie die Göttin der Blüte, Fauna die Göttin der Fruchtbarkeit.

den. Farmer etwa fällen große Waldbestände, um noch mehr Fläche für die Landwirtschaft zu gewinnen. Immer mehr Vieh weidet auf der ohnehin schon kargen Fläche, immer mehr Ertrag sollen die Äcker bringen, dafür setzen die Bauern Dünger ein und schwere Maschinen. Der Erde bleibt keine Zeit mehr, sich zu erholen. Jetzt trägt der Wind den geschundenen Boden ab, die Sonne dörrt ihn aus. Feuchtigkeit wird nicht mehr gespeichert, sondern verdunstet gleich wieder. Ein Teufelskreis beginnt: Wird der Boden immer schlechter und gibt weniger Erträge her, setzen die Farmer schließlich noch mehr Dünger ein oder fällen noch mehr Bäume, um wieder bessere Ernten zu bekommen.

Der Prozess der Desertifikation wurde weltweit erstmals in den 1970er-Jahren genauer untersucht. Damals schon herrschte eine verheerende Dürre- und Hungerkatastrophe in der Sahelzone. Heute warnen Experten, die fortschreitende Desertifikation gehöre weltweit zu einem der größten Umweltprobleme.

Wissen spezial

Was heißt Desertifikation?
Der Begriff Desertifikation leitet sich von zwei lateinischen Wörtern ab: „desertus" heißt auf Deutsch „öde", „facere" bedeutet „machen". Desertifikation heißt also nichts anderes, als etwas öde und wüst zu machen.

Um das trockene Land zu bebauen, werden Bewässerungskanäle angelegt.

Große Not und keine Hilfe

Das Erdbeben von Kobe

17. Januar 1995 in Kobe

„Erst senkt sich der Boden mit einem lauten Knall, dann wackelt es heftig und Gläser fallen aus dem Regal auf den Tisch. Ich suche Schutz und habe die ganze Zeit nur einen Gedanken: ‚Wie lange wird dieses Rütteln bloß dauern?'

In den Nachrichten höre ich später, es seien nur 20 Sekunden gewesen, aber es kommt mir viel länger vor. Der Strom fällt aus, ich sehe überhaupt nichts in meinem dunklen Zimmer. Direkt nach dem Beben schaue ich aus dem Fenster, bis auf ein paar Autolichter ist alles finster. Wenige Augenblicke später ist Kobe wieder erleuchtet, doch nicht wie sonst von Neonlichtern und Straßenlaternen, sondern vom Feuer! Orangefarbener Rauch erhellt in einigen Vierteln den Himmel.

Ich höre Feuersirenen, aber die Löschfahrzeuge wirken irgendwie hilflos. Sie erreichen die Feuer einfach nicht."

Eine Bewohnerin berichtet vom Beben

Noch ist es dunkel draußen, nur langsam erwacht die japanische Stadt Kobe an diesem Dienstag-morgen, dem 17. Januar 1995. Noch einmal umdrehen, weiterdösen, gleich müssen die Bewohner der Millionenmetropole aus den Betten, zur Arbeit, zur Schule. Viertel vor sechs frühmorgens zeigen die Wecker an, als innerhalb von nicht einmal einer hal-ben Minute das Leben der Menschen buchstäblich aus den Fugen gerissen wird. 20 Sekunden, in denen die Mauern wackeln, die Regale von den Wänden krachen, Stühle, Tische, Betten wie auf einem schwankenden Schiff durch die Räume rutschen. Die Bewohner des Ballungsgebietes erleben das **Hanshin**-Beben, das die Industriestadt Kobe und ihre dicht besiedelte Umgebung an diesem Morgen trifft, völlig unvorbereitet.

Leitungen bersten, Gas strömt aus und entzündet sich, in Windeseile zerstören die Feuer vor allem die tradi-tionellen japanischen Häuser. Die leichten Holzkonstruk-

Die Hanshin-Autobahn knickt zur Seite weg, als wäre sie aus Pappe.

Die Erschütterungen und ausbrechende Feuer vernichten große Teile von Kobe.

tionen, eng an eng gebaut, halten weder dem Erdbeben mit der Stärke 7,2 noch der Feuersbrunst lange stand. Wie Dominosteine brechen ganze Häuserreihen in sich zusammen. Auch Hochhäuser, einst glitzernde Bauten aus Metall und Glas, sind durch das sekundenlange Wackeln ihrer Fundamente eingestürzt oder stehen gefährlich schief, drohen jederzeit wegzusacken. Selbst die als erdbebensicher geltende Hanshin-Autobahn, auf dicken Stahlstelzen meterhoch über dem übrigen Stadtgeschehen errichtet, knickt auf einer Länge von

Zehn Jahre nach dem Beben wird an die mehr als 6000 Todesopfer erinnert.

fünf Kilometern einfach zur Seite weg. Verzweifelt versucht die Feuerwehr, die mehr als 300 Brände unter Kontrolle zu bekommen. Doch viele Wasserleitungen sind zerstört, die Straßen liegen voller Trümmer, in manchen Stadtvierteln ist die Durchfahrt für die Rettungsmannschaften völlig versperrt. Für mehr als 6000 Menschen gibt es keine Rettung mehr, sie sterben in den Ruinen ihrer Häuser oder noch auf den Fluren der völlig überfüllten Krankenhäuser. 100.000 zerstörte Gebäude, eine weitere halbe Million erheblich beschädigt, 300.000 Menschen obdachlos – so verheerend ist die Bilanz des Bebens. Es ist eine der teuersten Naturkatastrophen in der Geschichte, 100 Milliarden Dollar beträgt die gewaltige Schadenssumme. Zerstörte Verkehrswege, Versorgungsleitungen, Häuser und vieles mehr müssen repariert bzw. neu errichtet werden. Nach dem Beben fallen die Aktienkurse an der Börse in Tokio, denn viele Firmen in der Region müssen ihre Produktion einstellen. Und der Hafen von Kobe, bis zum Tag des Unglücks einer der größten der Welt, muss für mehrere Wochen schließen. Sowohl die Industrie als auch der Hafen Kobes konnten ihre einstige Bedeutung bis zum heutigen Tag nicht wiedererlangen.

Stahl und Beton können der Naturgewalt nichts entgegensetzen.

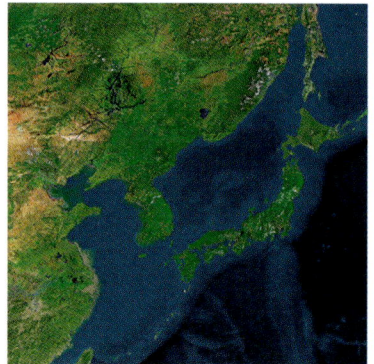

In einem langen Bogen erstreckt sich die japanische Inselkette entlang der Ostküste Asiens.

Erdbebenübung: Schüler proben für den Ernstfall.

Wissen *spezial*

Was geschah beim Kanto-Erdbeben?

Am Mittag des 1. September 1923 zerstört ein Beben der Stärke 8,3 weite Teile der Städte Yokohama und Tokio. Mehr als 140.000 Menschen sterben, fast zwei Millionen werden obdachlos. Heute finden in Japan jeden 1. September Katastrophenübungen statt.

Japan, bebende Inseln

Kaum jemand hatte mit einem solch schweren Erdbeben in Kobe gerechnet. Die Stadt liegt auf dem westlichen Teil der japanischen Hauptinsel Honshu, diese Gegend gilt als einigermaßen sicher. Im Osten der Inselkette hingegen, wo schon die Hauptstadt Tokio 1923 durch das **Kanto-Erdbeben** schwer zerstört wurde, leben die Menschen seit jeher mit der Gefahr aus der Tiefe. Dem japanischen Volksglauben zufolge löst der riesige Katzenfisch Namazu Erdbeben aus. Er lebt tief im Erdinneren und erschüttert die Erde immer dann durch seine Bewegungen, wenn die Menschen allzu lasterhaft leben. Tatsächliche Ursache des Bebens aber ist die Bewegung der vier Erdplatten, die unter dem Festland Japans aufeinandertreffen. Von Osten schiebt sich die Pazifische Platte unter die Philippinische und die Nordamerikanische Platte. Von Westen drückt die Eurasische dagegen. Wird die Spannung zu groß, bricht das Gestein, ruckartig schieben sich die Platten in eine neue Position. Durch diese Bewegung wird Energie frei, in Form von wellenförmigen Vibrationen, den seismischen Wellen, ist sie zu spüren. Mehr als 7000-mal im Jahr bebt in Japan der Boden, bis zu 1500 der Erdbeben sind auch für den Menschen spürbar. Japan zählt zu den reichsten Nationen der Welt und ist dicht besiedelt. Viele der 130 Millionen Einwohner des Landes wohnen in den eng bebauten Städten, Schnellzüge und mehrspurige Autobahnen durchkreuzen das moderne Land. Japan setzt auf Technik und Wissenschaft, um die Gefahr durch Erdbeben in den Griff zu bekommen, das ganze Land ist überzogen mit einem dichten Netz von Seismografen. Gebäude und Brücken sind erdbebensicher gebaut, so der Glaube vieler Experten.

In Tokio stehen Züge bei Erdbeben still.

Der 508 Meter hohe Wolkenkratzer „Taipeh 101" soll erdbebensicher sein.

Keine Warnung und kaum Hilfe

Doch das Beben von Kobe sagt niemand voraus, ohne eine Vorwarnung schreckt es die Menschen aus den Betten. Auch die Behörden in Kobe scheinen nicht ausreichend auf ein Erdbeben solchen Ausmaßes vorbereitet zu sein. Was fehlt, ist ein funktionierender Notfallplan, der vielleicht Hunderten Verschütteten das Leben hätte retten können. Stattdessen regiert in den ersten Stunden und Tagen nach dem Unglück das Chaos. Wer ist verantwortlich für die Koordinierung der Rettungsmaßnah-

Hunde werden oft bei der Suche nach Verschütteten eingesetzt.

men? Die Stadt Kobe? Die Verwaltung der Region? Oder die Landesbehörden in der Hauptstadt Tokio? Und wie bringt man Wasser, Lebensmittel und Medikamente zu den Opfern? Schließlich sind zahlreiche Hauptverkehrsstraßen unter Schutt begraben oder völlig verstopft, weil Überlebende in Panik versuchen, die Region mit dem Auto zu verlassen oder sich selbst mit dem Nötigsten zu versorgen. Auch Rettungstrupps aus dem Ausland kämpfen mit der japanischen Bürokratie. Speziell trainierte Hundestaffeln aus Europa etwa, die beim Suchen nach Verschütteten helfen sollen, werden am Flughafen unnötig lange festgehalten. Es heißt, die Tiere mit der feinen Spürnase sollten erst einmal unter Quarantäne gestellt werden. So müssen sich viele der obdachlosen Bewohner Kobes zunächst selbst helfen und sich eigenhändig aus ihrer Notlage befreien.

Thema Frühwarnsysteme helfen, Leben zu retten

Bis heute lassen sich Erdbeben nicht genau vorhersagen. Zu viele Faktoren spielen bei ihrer Entstehung eine Rolle. Man kann nur die Wahrscheinlichkeit eines Erdbebens für eine bestimmte Region errechnen. Wissenschaftler arbeiten jedoch an automatischen Warnsystemen, die wenigstens zehn oder

zwanzig Sekunden vor einem Beben Alarm schlagen sollen. In dieser kurzen Zeit lassen sich zwar keine Gebäude evakuieren, aber beispielsweise Züge stoppen, Gasherde abschalten oder auch Fahrstühle anhalten. Damit ließen sich viele Menschenleben retten.

In den Trümmern nach
Überlebenden zu suchen
ist nicht ungefährlich.

Vorsorge ist wichtig

Schlechte Bauten, das zeigt sich im Mai 2008 zum Beispiel bei dem großen Erdbeben in der chinesischen Provinz **Szechuan**, werden bei einem Beben schnell zur tödlichen Falle. In China kommen auffällig viele Schulkinder um. Experten sagen, die billig und schlecht konstruierten Schulgebäude seien daran schuld, viele der Bauten stürzen komplett ein und begraben die Kinder und Lehrer unter sich. In Japan hingegen achten die Architekten schon seit langem darauf, erdbebensicher zu bauen. Denn flexible Gebäude, die nicht gleich beim ersten Wackeln auseinanderbrechen, sondern Schwingungen standhalten, können Leben retten. Perfekten Schutz gibt es jedoch nicht, Fortschrittsglaube und Technikvertrauen führten gerade in Kobe zu einer trügerischen Sicherheit, für den Ernstfall war man daher nicht richtig vorbereitet. Heute suchen weltweit Experten nach geeigneten **Frühwarnsystemen**, um bei einem drohenden Beben schneller reagieren zu können. Und in Japan lernen die Menschen bei Katastrophenübungen in Schulen und am Arbeitsplatz, in Sportvereinen und Stadtverwaltungen, wie sie sich am besten bei einem Erdbeben verhalten.

Wissen *spezial*

Das Beben von Szechuan
Ein Beben der Stärke 7,9 erschüttert am 12. Mai 2008 die chinesische Region Szechuan. Mehrere Nachbeben erschweren die Rettungsarbeiten, Staudämme im Katastrophengebiet drohen zu brechen. Man schätzt, dass etwa 80.000 Menschen umgekommen sind.

Kalter **Regen**

Der große Eissturm in Nordamerika

7. Januar 1998 in Ottawa

„**S**chade, dass ihr schon wieder loswollt, aber bei uns ist es wirklich nicht gemütlich! Kein Licht, keine Heizung – ein schlechter Zeitpunkt, um uns zu besuchen!"

„Allerdings, Sue. Aber wer konnte ahnen, dass in diesen Tagen der wohl schlimmste Eissturm in der Geschichte Kanadas losbricht? Die ganze Gegend scheint unter einer dicken Eisschicht zu liegen."

„Und ob! Letzte Nacht bin ich vom Krach der umstürzenden Bäume wach geworden. Sie halten einfach die dicke Eislast nicht mehr aus. Auch die Stromleitungen, sie verlaufen fast alle überirdisch, reißen einfach ab. Daher auch der Stromausfall. Ich befürchte, es kommt noch eine schwierige Zeit auf uns zu. So, seht zu, dass ihr sicher wieder nach Hause kommt, bevor auch die Straßen nicht mehr befahrbar sind."

Sue Miller verabschiedet ihre Freunde

Seit zwei Tagen regnet es. Feine, kleine Tröpfchen nieseln aus den trüben Winterwolken Richtung Erde. Doch keine Pfützen bilden sich am Boden, dieser Regen, der in diesen ersten Januartagen des Jahres 1998 über dem Südosten **Kanadas** und dem Nordosten der USA niedergeht, verwandelt sich in Eis, sobald er auftrifft. Straßen, Bäume, Stromleitungen, Hausdächer, alles ist schon nach wenigen Stunden mit einer feinen Eisschicht überzogen. Und sie wächst, weiter und weiter, je mehr Eisregen vom Himmel kommt. In der kanadischen Hauptstadt Ottawa sitzen die Millers und ihre Freunde so wie Millionen ihrer Landsleute am 7. Januar 1998 schon den

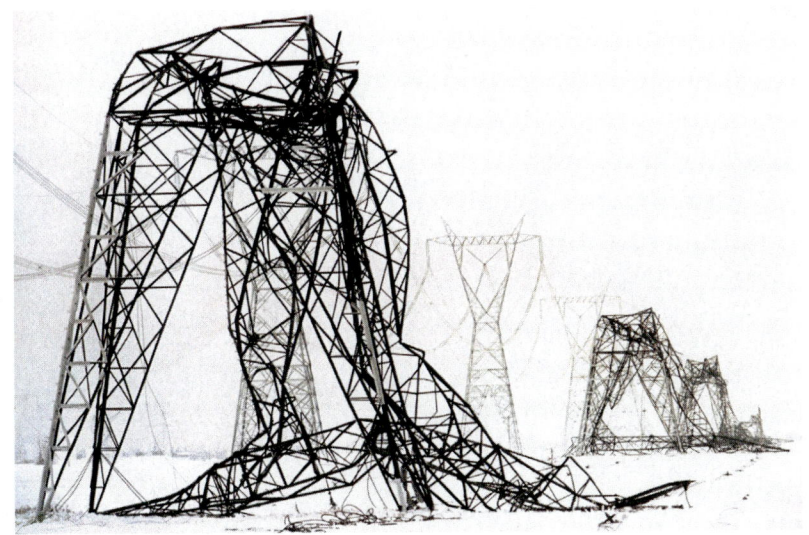

Zentimeterdickes Eis sorgt dafür, dass Millionen Menschen ohne Strom sind.

zweiten Tag ohne elektrischen Strom in den Häusern. Denn das Eis, das sich inzwischen mehrere Zentimeter dick über die Region gelegt hat, lässt Strommasten und Überlandleitungen unter seiner tonnenschweren Last einknicken wie Strohhalme. Es knallt, knackt und zischt, wenn die dicken Kabel auf die Erde schlagen. Stehen sie noch unter Strom, sind sie eine tödliche Gefahr für jeden, der sie berührt.

Ausgewachsene Bäume brechen unter der Eislast zusammen.

Eis fällt vom Himmel

Eisregen ist in dieser Gegend keine Seltenheit. Er entsteht, wenn im Winter kalte Luft aus dem Osten und Norden auf feuchtwarme Wetterfronten aus dem Süden trifft. Regen aus den wärmeren Luftschichten durchquert auf seinem Weg zur Erde die kältere Luft und kühlt dabei ab. Gefriert das Regenwasser noch in der Luft, gelangt das, was einstmals Tropfen waren, nun als feiner **Graupel** zu uns. Werden die Tropfen jedoch erst dann zu Eis, wenn sie gerade den Boden berühren, bildet sich eine glatte, eisige Schicht. Sie wird dicker und dicker, je länger der Eisregen anhält. Normalerweise ist dieses Wetterphänomen nach ein paar Stunden vorbei, die schwere Lage aus Eis wird nur ein paar Millimeter stark. Doch im Januar 1998 hört es in einigen der betroffenen Gebiete für fast 80 Stunden nicht auf zu regnen. Die Eisschicht, die Bäume, Leitungen, aber auch Haus- und Scheunendächer zum Einstürzen bringt, misst mancherorts bis zu siebeneinhalb Zentimeter. In den kanadischen Bundesstaaten Ontario, Quebec und New Brunswick sowie den US-amerikanischen Staaten New York, Vermont, Maine und New Hampshire sind ins-

Wissen *spezial*

Das ist Graupel

Frieren Schnee und Wassertropfen aneinander fest, entstehen Graupelkörner. Sie sind leichter und vor allem kleiner als Hagel, meist nur einen halben Zentimeter im Durchmesser dick. Daher richten sie kaum größere Schäden an, wenn sie auf die Erde niederregnen.

gesamt vier Millionen Menschen ohne Strom. Die meisten nur ein paar Tage, manche aber sitzen sogar für zwei, drei Wochen im Dunkeln. Nicht nur das Licht fehlt, in der Tiefkühltruhe vergammeln die Lebensmittel, mit dem Elektroherd lässt sich nicht mehr kochen. Nur über Radios mit Batterien sind noch Nachrichten zu bekommen. Zudem heizen viele Kanadier mit Strom, nun aber bleiben die Zentralheizungen kalt. Dabei ist es draußen weit unter 0 Grad **Celsius**, also

Schneechaos in New York

| **Thema** | **Das Celsius-Thermometer** |

In den 1740er-Jahren schlägt der schwedische Astronom Anders Celsius (1701–1744) eine Einteilung für Thermometer vor, die in einer kleinen Abwandlung bis heute verwendet wird. Auf dieser Temperaturskala liegt bei 0 Grad Celsius der Gefrierpunkt von Wasser, bei 100 Grad Celsius fängt es an zu kochen. Eine andere, vor allem in den USA und Kanada gebräuchliche Thermometereinteilung ist nach dem deutschen Physiker Daniel Gabriel Fahrenheit (1686–1736) benannt. Der Gefrierpunkt liegt hier bei 32 Grad Fahrenheit, der Siedepunkt bei 212 Grad.

So schnell wie möglich wird versucht, die Stromversorgung wiederherzustellen.

Wofür braucht man ein Notstromaggregat?
Bricht das öffentliche Stromnetz zusammen, können Notstromaggregate Strom erzeugen. Das ist vor allem in Krankenhäusern wichtig, wenn während einer Operation auf einmal alle Geräte ausfallen. Auch Inseln und abgelegene Regionen können mit solchen Stromerzeugern versorgt werden.

schlagen ganze Familien ihre Bettenlager vor dem Kamin im Wohnzimmer auf, um nachts nicht zu frieren. Was für eine einzelne Nacht vielleicht romantisch sein mag, wird mit jedem weiteren Tag unerträglicher. Viehzüchter bangen um das Leben ihrer Tiere, ohne Strom funktioniert die automatischen Versorgung in den Ställen mit Wasser, Futter und Frischluft nicht mehr. Straßen sind abgesperrt, weil dicke Eisklumpen von den Dächern rutschen und Passanten erschlagen könnten. 15.000 Soldaten der kanadischen Armee sind in den nächsten Tagen im Einsatz, sie räumen Straßen frei, sichern einsturzgefährdete Brücken und bringen Menschen in Notunterkünfte.

In Krankenhäusern und bei der Polizei übernehmen **Notstromaggregate** die Stromversorgung. Viele Fabriken aber müssen ohne ausreichenden Strom ihre Produktion drosseln oder ganz einstellen, Geschäfte und Schulen bleiben geschlossen. Mast für Mast, Meter für Meter müssen die Arbeiter der großen Stromunternehmen in der frostigen Kälte nun das Netz reparieren. Eine gewaltige Aufgabe, immerhin sind etwa eintausend Metall- und mehr als 30.000 Holzmasten umgeknickt. Millionen Bäume hingegen, die durch die eisige Last zum Teil oder sogar völlig zerstört worden sind, kann niemand mehr retten. Viele Parks und Wälder erholen sich jahrelang nicht von den Schäden durch den Eissturm. Hunderte Obstbauern und vor allem die Produzenten von Sirup, einem wichtigen kanadischen Produkt, hergestellt aus dem Saft des Ahorns, verlieren mit ihren Bäumen oft große Teile ihrer Lebensgrundlage. Insgesamt entsteht ein Schaden von mehr als zwei Milliarden kanadischen Dollar, das sind heute mehr als eine Milliarde Euro.

Mehr als 30 Menschen kommen durch den Eisregen um. Wie viele es genau sind, lässt sich nur schwer sagen, denn nicht immer ist das eisige Wetter selbst schuld. So sterben einige Unvorsichtige, die mit Gaskochern oder

Ahornsirup ist ein typisch kanadisches Lebensmittel.

Beschädigte Stromleitungen beeinträchtigen den Straßenverkehr.

selbst gebastelten Heizgeräten versucht hatten, ihre Wohnungen zu heizen. Dabei kann Kohlenmonoxid austreten, ein giftiges Gas. Es ist weder zu riechen noch zu schmecken, doch wer es einatmet, der droht zu ersticken. Auch auf den Straßen müssen die Menschen aufpassen, nicht von der glatten Fahrbahn abzurutschen oder von umstürzenden Bäumen erschlagen zu werden. Hätten die Freunde der Millers geahnt, wie schlimm die Lage draußen auf den Straßen Ottawas wirklich ist, wären sie vielleicht lieber bei ihren Freunden geblieben, auch ohne Strom und Heizung. Doch sie haben Glück, unbeschadet gelangen sie mit ihrem Wagen nach Hause.

Die weiße Hölle zum Jahreswechsel

Zwanzig Jahre zuvor sind es Schleswig-Holstein und Niedersachsen, die von einer Winterkatastrophe heimgesucht werden. Seit dem 28. Dezember 1978 schneit es in den nördlichen Bundesländern der Republik. Besonders tückisch ist

Spiegelglatt werden Straßen und Wege bei Eisregen.

dabei der Wind. Er türmt die weißen Flocken zu meterhohen Schneeverwehungen auf. Auf Straßen oder Eisenbahnschienen sind sie aus der Ferne nur schwer zu erkennen, Autofahrer und Züge drohen, direkt in sie hineinzufahren. Auf der Ostseeinsel Fehmarn zum Beispiel steckt ein Zug in dichten Schneeverwehungen fest, fast 48 Stunden lang warten die Eingeschlossenen auf Hilfe. Zwischen Weihnachten und Neujahr sind Tausende Menschen in der dünn besiedelten Region zwischen Nord- und Ostsee in ihren Häusern, Dörfern und auf ihren Höfen eingeschlossen. Einige Wagemutige ziehen mit dem Schlitten über die völlig verschneiten

Nichts geht mehr! Selbst auf der Autobahn stecken Fahrzeuge in den Schneemassen fest.

Felder, um in der nächsten Ortschaft die nötigsten Besorgungen zu machen. Nachbarn helfen einander, doch für Alte und Kranke ist die Situation lebensgefährlich. Feuerwehr und **Technisches Hilfswerk** kämpfen gegen die weißen Massen an, schließlich hilft die Bundeswehr. Mit Räumfahrzeugen schaffen sie den Schnee zur Seite, kämpfen sich Meter für Meter voran, um zu den Eingeschlossenen vorzudringen. Doch selbst Panzer der Bundeswehr müssen mancherorts kapitulieren. Wirklich frei räumen lassen sich viele Straßen gar nicht. Nur eine Spur, eingerahmt von bis zu vier Meter hohen Schneewänden, ist an vielen Stellen befahrbar. Die Behörden sprechen Fahrverbote für die Bevölkerung aus, damit die engen Schneegassen frei sind für die Rettungsdienste. Private Fahrten, wie sie die Freunde der Millers machten, wären damit nicht erlaubt gewesen.

Wissen *spezial*

Was ist das Technische Hilfswerk?

1950 gegründet, ist das Technische Hilfswerk, kurz THW, eine Organisation, die bei Katastrophen im In- und Ausland hilft. Mit fast 900 festen und mehr als 80.000 ehrenamtlichen Mitarbeitern sorgt das THW in Krisengebieten beispielsweise für frisches Wasser, beseitigt Trümmer oder schützt Hochwasserdämme.

Gefangen im Schnee

Das Lawinenunglück von Galtür

23. Februar 1999 in Galtür

„Dieses verrückte Fassdaubenrennen hat Spaß gemacht! Sonst ist in diesem Dorf aber auch wirklich nichts los."

„Ja, seitdem wir eingeschneit sind, darf man ja kaum noch den Fuß vor die Tür setzen. Die meisten Straßen sind abgesperrt, die Skipisten ebenso. Lawinengefahr, sagen die Einheimischen. So hatte ich mir unseren Skiurlaub nicht vorgestellt!"

„Wir müssen wohl oder übel in unserer Pension bleiben, bis die Straßen wieder frei sind und wir nach Hause fahren können. Immerhin hat das Touristenbüro heute dieses Rennen auf der Dorfstraße veranstaltet. So, nun aber wieder ins warme Hotel."

„Horch, hörst du das auch? Dieses Grollen..."

„Oh mein Gott! Siehst du, die Schneemassen dort am Hang? Eine Lawine! Sie rollt direkt auf das Dorf zu! Lauf, so schnell du kannst!"

Zwei Touristen

 Eine weiße Wand aus Schnee wälzt sich mit einem Donnergrollen auf das österreichische Bergdorf zu, jetzt zermalmt sie die ersten Häuser und Schuppen unter sich, über Autos und Straßen fegt sie hinweg. Stein, Holz, Blech, nichts hält den eisigen Massen stand. Mit lautem Getöse ergießt sich der Schnee an diesem Nachmittag des 23. Februar 1999 in den kleinen Ort Galtür. Dort, in den verschneiten Gassen, wo eben noch Einheimische und Touristen auf **Fassdauben** und Schlitten um die Wette fuhren, begräbt eine Lawine alles Leben unter sich. Keine Minute dauert der Schrecken, dann kommt sie endlich zum Stehen. Schon ertönen die ersten Rufe, „Los, los, fangt an zu graben!" Die Einheimischen wissen, was zu tun ist. Die Verschütteten müssen so schnell wie möglich aus dem Schneeberg befreit werden, sonst drohen sie zu ersticken. Mit Schaufeln und Spaten, mit bloßen Händen, alle helfen beim Graben mit. Jetzt heißt es Leben retten.

Wissen *spezial*

Was ist ein Fassdaubenrennen?
In Österreichs winterlichen Bergen ist das Fassdaubenrennen ein lustiger Freizeitspaß. Mit Riemen lassen sich die Dauben, die einzelnen Holzelemente eines Fasses, an den Füßen festschnallen. Ein langer Stock sorgt für Geschwindigkeit und hilft beim Lenken.

Nach einer Lawine müssen die Rettungstrupps schnell handeln.

Der Skitourismus ist in den Alpen ein wichtiger Wirtschaftsfaktor.

Schnee – Segen und Fluch zugleich

Galtür ist eine der zahlreichen kleinen Gemeinden in den Alpen, die fast ausschließlich vom Tourismus leben. Nicht einmal eintausend Einwohner hat der Ort, aber mehr als 3800 Betten für Gäste.

Die Touristen kommen im Sommer zum Wandern, im Winter zum Skifahren. Hier in Tirol, einem Bundesland im Westen Österreichs, ist man daher froh, wenn es ordentlich schneit, dann kommen viele Besucher. 1999 scheint ein gutes Jahr zu werden. Schon den ganzen Februar über fallen die weißen Flocken vom Himmel, es schneit und schneit und schneit, so stark wie in den vergangenen 20 Jahren nicht mehr. Doch bald schon verfliegt die anfängliche Freude über die weiße Pracht, der Schnee hat die Region fest im Griff. Straßen werden gesperrt, an ihren Seiten drohen Lawinen abzugehen. Schneeverwehungen machen manche Route unpassierbar. Auch in dem kleinen Örtchen Galtür harren die Dorfbewohner und Skigäste wie Gefangene in ihren Häusern, Hotels und Pensionen aus. Langeweile macht sich breit.

Bei Lawinengefahr werden die Skiabfahrten gesperrt.

Eine Schnee-
flocke besteht aus vielen
Eiskristallen.

Wenn der weiße Hang
ins Rutschen kommt

Schnee besteht aus feinsten Eiskristallen, je nach
Außentemperatur und Feuchtigkeit haben sie verschiedene Formen und Eigenschaften. Pulver-
schnee etwa ist luftig und rieselig, Feucht-
schnee hingegen klebt und eignet sich
bestens für eine Schneeballschlacht
oder um einen Schneemann zu bau-
en. Liegt der Schnee erst auf dem
Boden, verändert er sich. Sonnenstrahlen beispielsweise tau-
en die obere Schicht
an, dadurch verknüp-
fen sich die Kristalle
noch enger miteinan-
der. Auch durch das
eigene Gewicht der Flo-
cken steigt der Druck in
der Schneedecke, sie wird
dichter. Mit jedem Schneefall bilden sich neue Schichten,
manche fester, andere locker und
luftig. Wie einzelne Bettdecken, ohne
eine feste Verbindung, liegen sie lose übereinander. Im flachen Land ist das kein Problem, an
den Hängen der Berge jedoch, bei einer **Neigung** zwischen 25 und etwa 45 Grad, können diese einzelnen
Schichten ins Rutschen kommen. Um die Massen in Bewegung zu bringen, reicht als Auslöser oft ein bloßer Stein-
wurf, ein falscher Tritt eines Skifahrers oder auch ein lau-
tes Geräusch.

Wissen *spezial*

Das ist eine Neigung
Ein Hang geht sanft oder
auch sehr steil bergab, den
Grad der Neigung zu berech-
nen ist nicht ganz einfach:
45 Grad Neigung bedeutet,
es geht auf einer Strecke von
100 Metern zugleich 100
Meter bergab. 25 Grad Neigung ist weniger steil. Hier
geht es auf 100 Metern nur
etwa 47 Meter hinunter.

Die Zäune sollen der Lawine das Tempo nehmen. Früher erfüllte der Wald diese Funktion.

Der Schein trügt

In den Alpen leben die Menschen seit eh und je mit der Gefahr, selbst **Kriege** und Feldzüge wurden durch Lawinenkatastrophen beeinflusst. Heute sind vor allem Wintersportler Opfer der weißen Gewalt. Experten beobachten Wetter und Schneefall genau, um bei Lawinengefahr Skipisten sperren oder ganze Dörfer evakuieren zu können. Besonders gefährdete Hänge werden mit speziellen Zäunen oder Schutzmauern präpariert, um die Gewalt der Lawine zu brechen. Der Grund und Boden in den Tälern ist in verschiedene Zonen eingeteilt. Rot heißt beispielsweise, hier darf nichts gebaut werden. Auch in Galtür glaubt man, durch die vielen Vorsichtsmaßnahmen geschützt zu sein. Seit 300 Jahren ist von den umliegenden Hängen kein Schnee mehr ins Tal abgegangen. Vor allem der Sonn-

Thema Lawinen im Krieg

Schon der karthagische Feldherr Hannibal (246–183 v. Chr.) soll bei seiner berühmten Überquerung der Alpen Tausende Soldaten und mehrere seiner Elefanten durch Lawinen verloren haben. Und im Ersten Weltkrieg locken sich die verfeindeten Kriegsparteien in den Alpen gegenseitig in Lawinenfallen. Ist der Feind am Fuße eines Hangs, löst man absichtlich, beispielsweise mit Sprengstoff, einen Schneeabgang aus. 1916 sollen in den Bergen mehr Soldaten durch Lawinen gestorben sein als durch die Kämpfe mit Gewehren und Kanonen.

Eine Lawine rast mit enormer Wucht den Berg herunter.

berg, nördlich des Dorfes gelegen, scheint ungefährlich. Doch genau hier löst sich an diesem Dienstag, um vier Uhr nachmittags, eine 400 Meter breite Lawine. Sie saust ins Tal, wird schneller und schneller. Sie reißt Hauswände ein, verschluckt viele Autos und verschüttet 50 Menschen unter sich. Sobald die

Schneemasse mitten im Ort zum Stillstand kommt, machen sich die Überlebenden an die Arbeit und durchsuchen den Berg aus Trümmern und Schnee. Sie retten noch ein paar

Nach dem Lawinenunglück in Galtür sind die Autos nur noch Schrott.

Helfer fliegen Kisten mit Lebensmitteln ins eingeschneite Galtür ein.

Verletzte, doch für 38 Menschen, darunter mehr als 30 Urlauber aus Österreich, Deutschland, den Niederlanden und Dänemark, kommt jede Hilfe zu spät. Sie sind im Schnee erstickt oder wurden von Trümmern erschlagen.

Rettung aus der Luft

Nur Minuten nach dem Unglück geht in der Bezirkshauptstadt Landeck ein Notruf aus Galtür ein. Doch das Wetter ist noch immer zu schlecht, die Straßen weiterhin unpassierbar. Erst am nächsten Morgen, sobald die Sicht es zulässt, starten im Minutentakt die Helikopter. Sie evakuieren Verletzte und bringen Ärzte, **Rettungshunde** und Räumgerät ins Dorf. Eine gefährliche Aktion, denn bei den Landungen mitten im Ort bleiben manchmal nur wenige Meter Platz zwischen den Rotorblättern und Hauswänden. Als aber am selben Tag auch im Nachbarort Valzur eine Lawine zehn Menschen verschüttet, wagt sich trotz des wieder schlechter werdenden Wetters ein mutiger Pilot auf den Weg dorthin. Die Lawinenopfer brauchen schnelle Hilfe, sie sind meist unterkühlt, haben oft schwere Knochenbrüche und Quetschungen. In Galtür dauert der Rettungseinsatz noch vier Tage, am Samstag nach dem Unglück schließlich bergen die Helfer die letzte Tote, ein 16-jähriges Mädchen.

Lawinen aus Schlamm und Geröll

Nicht nur wenn Schnee sich in Bewegung setzt, spricht man von einer Lawine. In den Bergen können sich auch Geröll und loses Gestein von den Hängen lösen, etwa wenn der Boden durch Tauwetter oder lang

Wissen spezial

Hunde retten Menschenleben

In weitem Gelände, auf Schuttbergen und Lawinen, spüren Hunde Verschüttete oft besser auf als jede Technik. In den 1940er-Jahren begann man in der Schweiz, Hunde gezielt für ihren Einsatz im Schnee zu trainieren. Bernhardiner gehörten zu den ersten Lawinenhunden in den Alpen.

Nicht nur Schnee-, son-
dern auch Erdmassen
können sich lösen, so-
genannte Schlamm-
lawinen.

anhaltenden Regen ganz aufgeweicht ist. Dann rasen Steine
und Schlamm als Lawine den Hang hinunter, vor allem durch
Flussbetten bahnen sie sich ihren Weg. Das Phänomen wird
auch Mure bzw. Murgang genannt. Manchmal lösen sich
durch Dauerregen, aber auch durch Erdbeben oder **Erosion**
ganze Hänge. Wie bei einem Stück Kuchen brechen
dann große Stücke aus Bergen oder auch Hügeln heraus und rauschen hinab. Solche Erdrutsche reißen
Häuser, Straßen und Menschen mit sich. Um Lawinen und Erdrutsche zu verhindern, setzen Fachleute
nicht nur auf Zäune, Pflöcke und Mauern an den
Hängen, sondern auch häufig auf die Kraft der Natur: Bäume, extra an den gefährdeten Stellen ange-
pflanzt, sollen mit ihren Wurzeln dem Erdreich mehr
Halt geben. Und ihre Stämme und Kronen nehmen
den Lawinen Tempo und Kraft. Bäume können
natürlich nur bis in einer bestimmten Höhenlage
überhaupt wachsen. Die Abrissstelle der Lawine
am Sonnberg, vor der die vom Fassdaubenrennen
zurückkehrenden Touristen flüchten, liegt bei
2700 Meter Höhe – deutlich über der Baumgrenze.

Wissen *spezial*

Was ist eine Erosion?
Der Ausdruck Erosion leitet
sich ab vom lateinischen
Wort „erodere", das heißt
auf Deutsch „abtragen". In
der Geologie spricht man von
Erosion, wenn beispielsweise
Wind oder auch Wasser über
Jahre hinweg die Erdoberfläche regelrecht abschmirgeln,
abtragen und verändern.

Hochwasseralarm!

Die Elbe überflutet Dresden

22. August 2002 in Dresden

„Die Fluten von Elbe und Weißeritz ließen enorme Zerstörungen zurück. Tausende Dresdnerinnen und Dresdner sind persönlich betroffen, oft bedrohen die Folgen des Hochwassers sogar die Existenz. Viele Menschen sind auf Spenden angewiesen, haben ihr gesamtes Hab und Gut verloren, im schlimmsten Fall sogar ihr Zuhause. In gleicher Weise sind über 7000 Unternehmerinnen und Unternehmer in Dresden betroffen, manche davon stehen vor dem Ruin. Die Infrastruktur der Stadt ist schwer beschädigt, Straßen, Schulen, Brücken und Kindertagesstätten teilweise zerstört. Wir können die Höhe der Schäden noch nicht abschließend beziffern, eine erste Einschätzung bewegt sich um 350 Millionen Euro. Es gibt keinen Dresdner, der nicht einen Freund, einen Kollegen oder einen Verwandten hat, der von der Flut betroffen wurde."

Oberbürgermeister Ingolf Roßberg

Eigentlich wollten die Mitglieder des Dresdner Stadtrats, vor denen Oberbürgermeister Roßberg heute seine Rede hält, schon in der vergangenen Woche zu ihrer üblichen Sitzung zusammenkommen. Doch vor sieben Tagen, am 15. August 2002, herrscht der Ausnahmezustand in der sächsischen Landeshauptstadt Dresden. Erst die Weißeritz, dann die Elbe, zwei Flüsse – sie fließen mitten durch Dresden hindurch – treten über ihre Ufer. Weit höher als jemals zuvor. Polizei, Feuerwehr, Bundeswehr, die Einwohner der Stadt, alle kämpfen gemeinsam gegen die Fluten. Mit Sandsäcken bauen sie Barrikaden, um das Nass abzuwehren. Oft vergebens, die Katastrophe des Jahres 2002 geht als das Jahrhunderthochwasser in die Geschichte der Stadt ein.

Um die Sandsäcke aufzuschichten, sind viele Helfer nötig (links). Manche Leute besitzen nach der Überflutung fast gar nichts mehr (oben).

Regen, Regen, Regen

Ein Mittelmeertief, ein eher seltenes Wetterereignis, sucht sich seinen Weg aus der Bucht von Genua östlich an den Alpen vorbei. Ein Tief entsteht, wenn beispielsweise warmes Meerwasser verdunstet, als Wasserdampf steigt es auf in die Luft. Wenn diese feuchten Luftmassen nun immer

Die Winde eines Tief-
druckgebietes drehen
sich spiralförmig gegen
den Uhrzeigersinn.

Zwischen Dresden und
Leipzig stürzt eine Eisen-
bahnbrücke ein.

weiter emporsteigen und über das Land ziehen, kühlen sie ab und es bilden sich Wolken. Je kühler die Luft, umso weniger Wasserdampf kann sie halten, schließlich entstehen Wassertropfen und es beginnt zu regnen. Wandert ein Tief vom Mittelmeer, wo es besonders viel Wasserdampf aufnehmen konnte, über die hohen, kühlen Alpen und trifft dann auf eine kalte Wetterfront, kommt es zu besonders heftigem Regen. Ein solches Tiefdruckgebiet namens „Ilse" entlädt im August 2002 seine nasse Last über Österreich, Tschechien und Polen. Wie aus Eimern schüttet es über dem **Riesengebirge**, dem Quellort der Elbe. Auch im benachbarten Erzgebirge, einem Mittelgebirge an der Grenze zwischen Tschechien und Sachsen, geht in diesen Tagen so viel Niederschlag herunter wie sonst in mehreren Monaten nicht. Die kleinen Flüsse, die

Die Elbe steigt und steigt …

diesen Bergen entspringen, sich nach und nach vereinen und schließlich in die Elbe münden, führen plötzlich viel mehr Wasser als üblich. Aus ruhig plätschernden Bächlein werden reißende Sturzbäche. So auch die Rote und die Wilde Weißeritz, sie schließen sich in Freital, einem kleinen Städtchen am Fuße des Erzgebirges, zusammen und nehmen fortan als Weißeritz ihren Weg Richtung Dresden und Elbe. Am Abend des 12. August – in der Stadt warnen die Behörden schon vor Überschwemmungen, denn die Kanalisation und zahlreiche kleine Seitenbäche sind bereits randvoll mit Regenwasser – donnern die Fluten der Weißeritz auf Dresden zu.

Ein Fluss sucht sich sein altes Bett

Hier müssen die Wassermassen nun einen Engpass durchfließen, denn im 19. Jahrhundert, als die Stadtplaner Platz für die neue Eisenbahnstrecke und einen Bahnhof brauchten, leiteten die Dresdner die Weißeritz einfach um. Auf ihren letzten Metern fließt sie nun durch einen Kanal, bevor sie mitten in der Stadt in die Elbe mündet. Doch das Hochwasser nimmt keine Rücksicht auf Architektur und Straßenbau, die Wasserflu-

Wissen *spezial*

Wo ist das Riesengebirge?
An der tschechisch-polnischen Grenze erstreckt sich das Riesengebirge, sein höchster Berg ist mit 1600 Metern die Schneekoppe. Das Mittelgebirge steht unter Naturschutz. Der Berggeist Rübezahl, die bekannte Märchengestalt, soll von hier kommen.

Um sie vor dem Wasser zu schützen, werden wertvolle Gemälde in Sicherheit gebracht.

Der Dresdner Zwinger steht unter Wasser.

Umweltschützer protestieren gegen die Abholzung eines natürlichen Überschwemmungsgebietes.

ten der Weißeritz nehmen sich einfach ihren alten Weg, mitten durch die Gleisanlagen und die Empfangshalle des Hauptbahnhofs. Über einen Meter hoch steht hier das Wasser. Auch der Zwinger, eine barocke Gebäudeanlage aus dem 18. Jahrhundert und Ausstellungsort bedeutender Kunstschätze, ist auf einmal vom Hochwasser bedroht. Der Innenhof steht schon voll, Feuerwehrleute werfen ihre Pumpen an und schichten Sandsäcke auf, Mitarbeiter der Gemäldegalerie versuchen verzweifelt, die alten und wertvollen Gemälde aus dem Untergeschoss in Sicherheit zu bringen. Auch in der berühmten Semperoper laufen die Keller voll Wasser. Wie konnte es zu dem Unglück kommen? Umweltschützer beklagen, dass immer mehr Flüsse in Deutschland begradigt werden, ursprüngliche Uferlandschaften trockengelegt und bebaut. Einstmals wilde Flüsse sind plötzlich in enge Kanäle gezwängt. Und Flussauen – früher dienten sie bei einem Hochwasser als natürliche Auffangbecken für die Fluten – verschwinden. Deiche sollen die Menschen schützen, doch die Flüsse erobern sich, wie zum Beispiel die Weißeritz in Dresden, ihre alten Wege zurück.

STOPPT DEN KAHLSCHLAG
auf den Deichen

Nur eine kurze Verschnaufpause

Als die Dresdner das Schlimmste überstanden glauben und am Abend des 13. August die Weißeritz langsam wieder sinkt, droht schon das nächste Unheil. Denn jetzt schwillt der Pegelstand der Elbe weiter an. In der Stadt herrscht **Katastrophenalarm**. Die Bewohner aus sieben Stadtteilen werden vorsorglich evakuiert, sie müssen fortan in Notunterkünften wohnen. Straßen, Brücken und Autobahnen sind gesperrt, Häuser verbarrikadiert. Am 15. August erreicht der Pegel die 8-Meter-Marke, ein Stand, wie er zuletzt im Jahr 1845 gemessen wurde. Jetzt müssen alle mit anpacken: Bundeswehrsoldaten aus der ganzen Republik, Feuerwehr, Technisches Hilfswerk – über 5000 professionelle Helfer und Tausende Freiwillige versuchen, die Elbe in ihrem Flussbett zu halten.

Barrikaden aus Sandsäcken sollen wie ein Deich die Stadt vor dem Wasser schützen. Am 17. August erreicht der Pegel die Rekordmarke von 9,40 Meter, dann endlich fängt der Wasserstand an zu sinken. Doch erst am 22. August wird der Katastrophenalarm über Dresden aufgehoben.

> ### Wissen spezial
>
> **Warum gibt es einen Katastrophenalarm?**
> Im Falle einer Katastrophe treten besondere Regeln in Kraft, die in jedem Bundesland per Gesetz festgelegt sind. Nur im Katastrophenfall etwa darf die Bundeswehr auch innerhalb Deutschlands zum Einsatz kommen. Zudem bestimmen Notfallpläne, wer die verschiedenen Hilfsgruppen koordiniert, damit kein Chaos entsteht.

Den Wassermassen und der Feuchtigkeit halten viele Häuser nicht stand.

Viele Menschen helfen freiwillig, denn jetzt fehlt es an vielem.

Allmählich wird das ganze Ausmaß der Zerstörung sichtbar: Straßen sind unterspült, Brücken drohen einzustürzen, in Hauswänden sitzt die Feuchtigkeit, eine schlammige Dreckschicht klebt überall, wo das Hochwasser hingelangt war. Bis zu 15 Milliarden Euro Schaden, so sagen Versicherungsexperten, verursacht die Katastrophe in Deutschland. Denn nicht nur Dresden, auch viele andere Städte wie Meißen, Dessau, Magdeburg und Wittenberge sowie zahlreiche kleinere Ortschaften an der Elbe und ihren Zuflüssen sind betroffen. Auch im Nachbarland Tschechien sind Hunderte Gemeinden überflutet. Aus einem Chemiewerk werden giftiger Abfall und Chemikalien weggespült und gelangen in die Umwelt. In der Hauptstadt Prag laufen die U-Bahn-Tunnel und der städtische **Zoo** voller Wasser.

Thema   **Flucht aus dem Zoo**

Als der Prager Zoo von der Moldau überschwemmt wird, nutzt Seebär Gaston die Gunst der Stunde und schwimmt mit dem Hochwasser aus seinem Gehege davon. Erst die Moldau entlang, dann durch die Elbe. Eine Woche lang ist er unterwegs auf seiner gefährlichen Reise, denn die Flüsse sind schmutzig, voller Keime, aber auch gefährliche Trümmer könnten das Tier verletzen. Bei Wittenberge schließlich geht Gaston an Land, geschwächt und hungrig. Tierpfleger wollen ihn nach Prag zurückbringen, doch noch auf dem Weg dorthin stirbt der Seebär.

Bundeswehrsoldaten
packen an.

Politiker in Gummistiefeln

Viele Menschen haben alle Hoffnung verloren, ihre Häuser sind unbewohnbar geworden, Geschäfte, Handwerksbetriebe und Fabriken schwer beschädigt. Manch einer steht vor dem Ruin und der Arbeitslosigkeit. In Deutschland verspricht die Bundesregierung Hilfe, jeder soll schnell und unbürokratisch Geld bekommen, um seine Existenz wieder aufzubauen. Politiker aller Parteien reisen an die Orte der Katastrophe, reden mit den Opfern. Vier Wochen nach dem Hochwasser sind Bundestagswahlen. Einige sagen, der damalige Kanzler Gerhard Schröder und seine Partei, die SPD, hätten nur wegen des Hochwassers ein zweites Mal gewonnen. Denn obwohl ihre Regierung vorher von vielen Menschen kritisiert worden war, habe der Kanzler durch seine Hilfe für die Flutopfer noch einmal viele Wähler für sich gewinnen können. Durch die zahlreichen eingegangenen Spenden, aber auch durch Hilfen von Bund und Land konnten viele Schäden, die Oberbürgermeister Roßberg in seiner Rede beschreibt, recht zügig wieder beseitigt werden.

Der damalige Bundeskanzler Gerhard Schröder verschafft sich einen Eindruck vor Ort.

Eine Wand aus Wasser

Der Tsunami am Weihnachtstag

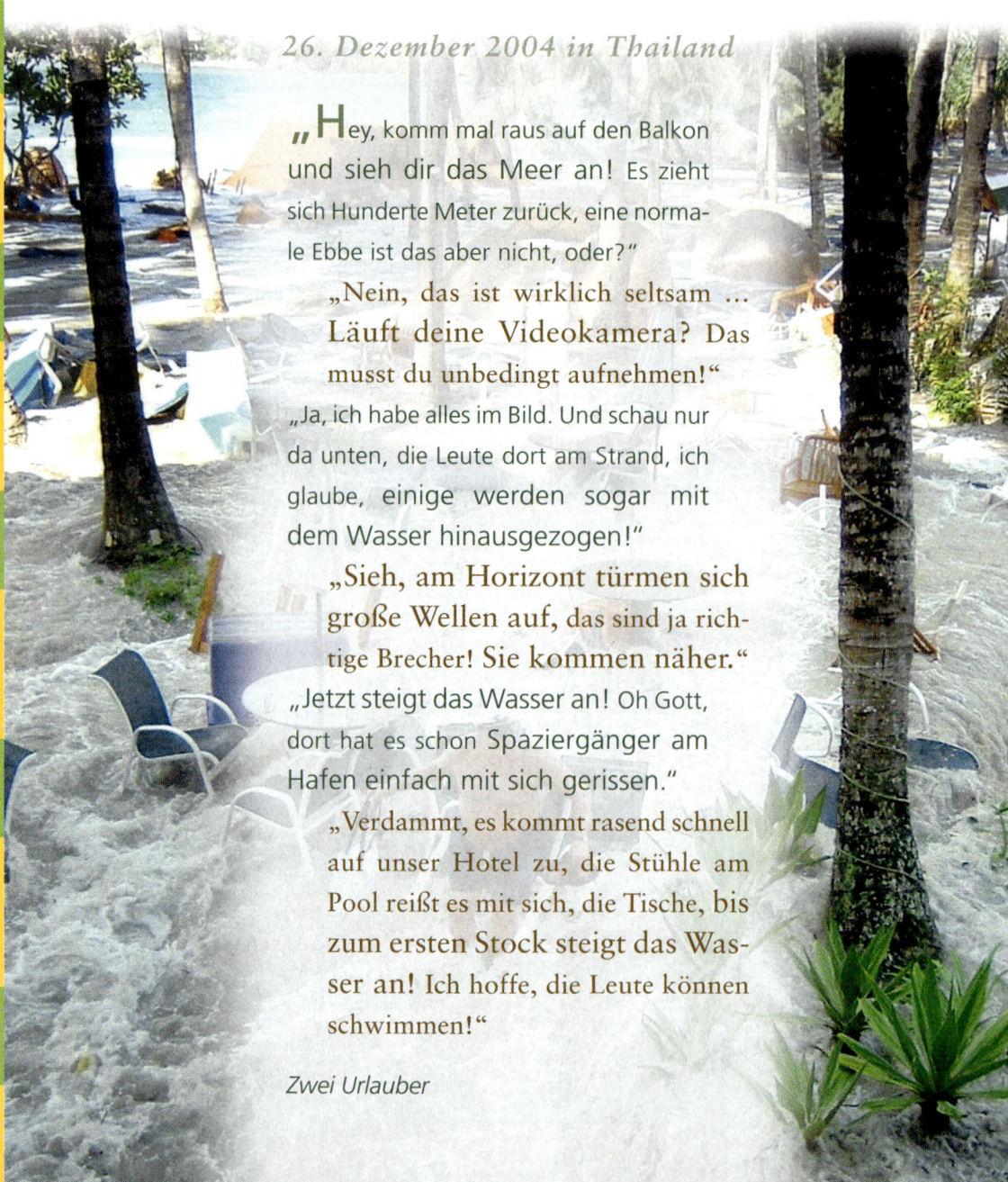

26. Dezember 2004 in Thailand

„Hey, komm mal raus auf den Balkon und sieh dir das Meer an! Es zieht sich Hunderte Meter zurück, eine normale Ebbe ist das aber nicht, oder?"

„Nein, das ist wirklich seltsam ... Läuft deine Videokamera? Das musst du unbedingt aufnehmen!"

„Ja, ich habe alles im Bild. Und schau nur da unten, die Leute dort am Strand, ich glaube, einige werden sogar mit dem Wasser hinausgezogen!"

„Sieh, am Horizont türmen sich große Wellen auf, das sind ja richtige Brecher! Sie kommen näher."

„Jetzt steigt das Wasser an! Oh Gott, dort hat es schon Spaziergänger am Hafen einfach mit sich gerissen."

„Verdammt, es kommt rasend schnell auf unser Hotel zu, die Stühle am Pool reißt es mit sich, die Tische, bis zum ersten Stock steigt das Wasser an! Ich hoffe, die Leute können schwimmen!"

Zwei Urlauber

 Es ist der zweite Weihnachtsfeiertag 2004. Während in Europa die Menschen auf Schnee hoffen, sind hier in Thailand morgens um zehn Uhr schon viele Urlauber am Strand. Unter dem strahlend blauen Himmel der Tropen genießen sie ihre Winterferien, die Palmen spenden kühlen Schatten, Kinder spielen im Sand. Doch irgendetwas ist heute anders. Das Wasser, es zieht sich plötzlich zurück, Meter für Meter gibt es den Meeresgrund frei, dort wo sonst die Wellen des Indischen Ozeans an den Strand spülen, liegen nun Muscheln und kleine Krebse in der prallen Sonne. Doch nur von kurzer Dauer ist dieses seltsame Phänomen, denn nun steigt der Wasserpegel rasch wieder an, große Wellen kommen näher und näher. Wer eben noch neugierig dem Rückgang des Wassers zusah, muss nun vor den wiederkehrenden Fluten Reißaus nehmen. Einige schaffen es nicht, sie versinken im tosenden Nass, das sich an vielen Stellen weit ins Inland frisst, Straßen,

Nach dem Seebeben im Indischen Ozean ist an den Küsten nichts mehr wie vorher.

Die indonesische Provinz Aceh vor dem Tsunami (oben) und danach. Die Küstenränder sind deutlich erkennbar vom Wasser überschwemmt.

Häuser und ihre Bewohner auch jenseits des Strandes fortspült. Vom Hotelbalkon aus filmen Touristen das schreckliche Schauspiel, wie Menschen mit aller Kraft versuchen, sich an Bäumen oder Straßenschildern festzuhalten und schließlich doch ertrinken. Unzählige dieser wackeligen Videos stehen bald schon im Internet, laufen auf allen Nachrichtensendern rund um die Welt. Wenn sich eben noch viele Urlauber und Einheimische über das sonderbare Verhalten des Meeres wunderten, wird in Zukunft jeder wissen, was an diesem 26. Dezember geschehen ist: Ein Tsunami hat die Küstenregionen des Indischen Ozeans ins Chaos gestürzt.

Das Meer kommt in Bewegung

Tsunamis sind große Wellen, die nicht nur über die Oberfläche des **Ozeans** gleiten, etwa wenn ein Sturm die See aufpeitscht, sondern das Meer von oben bis unten, sei es auch mehrere Tausend Meter tief, regelrecht durchpflügen. Hervorgerufen werden sie meist durch Seebeben, also Erdbeben am Grund des Ozeans, aber auch durch unterseeische Erdrutsche sowie Vulkanausbrüche in Meeresnähe. Etwa wenn pyroklastische Ströme ins Wasser rutschen oder gleich der ganze Vulkan in sich zusammenbricht wie beispielsweise beim Ausbruch des Krakatau im Jahr 1883. Auch Meteoriten können Ursache für die tödliche Welle sein, so wie man es beim Einschlag des Riesenmeteoriten im Chicxulub-Krater in Mexiko vor 65 Millionen Jahren vermutet. Die Wellenbewegung eines **Tsunamis** ist sehr lang gezogen, auf hoher See ist sie kaum zu spüren. Hier draußen stellt sie bei einer Höhe von vielleicht einem Meter keine große Gefahr für Schiffe dar. Mit einer Geschwindigkeit von über 800 Kilometern pro Stunde können die Wellen binnen weniger Stunden einen ganzen Ozean durchlaufen. An den Küsten, wo das Meer flacher wird, verringert der Tsunami sein Tempo. Die Wellen sind nun nicht mehr lang gezogen und flach, sondern werden kürzer und höher. Sie türmen sich zu regelrechten Bergen auf, zehn, zwanzig, dreißig Meter hoch, und überschwemmen die Küste bis weit ins Hinterland hinein. Doch vorher, das haben auch die Menschen in Thailand

Je näher die Flutwelle der Küste kommt, desto höher wird sie.

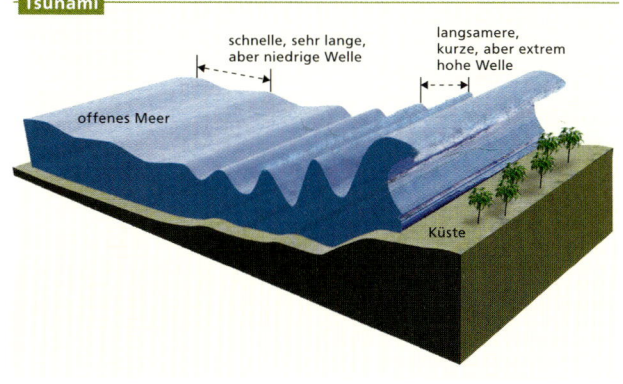

Tsunami

schnelle, sehr lange, aber niedrige Welle

langsamere, kurze, aber extrem hohe Welle

offenes Meer

Küste

So könnte es aussehen, wenn eine Flutwelle über New York hereinbricht.

und an vielen anderen Stränden des Indischen Ozeans beobachtet, weicht das Wasser vom Ufer zurück. Das erklärt sich so: Bei Wellengang bilden sich Berge und Täler auf der Wasseroberfläche. Dem Wellenberg, der alles mit sich reißt, geht also ein Wellental voraus, für einen Augenblick zieht sich das Wasser vom Strand zurück.

Das Seebeben vor Indonesien

Es ist ein gewaltiges Seebeben, etwa 160 Kilometer vor der Nordwestspitze der indonesischen Insel Sumatra, das den verheerenden Tsunami auslöst. Hier, entlang der Westküste Indonesiens und Thailands, verläuft die Grenze zwischen der Indoaustralischen Erdplatte und dem Südausläufer der Eurasischen. Am 26. Dezember 2004 – in Deutschland ist es noch mitten in der Nacht, in Thailand zeigen die Uhren kurz vor acht am Morgen – entlädt sich eine über Jahrzehnte aufgebaute Spannung in der Erdkruste, die Indoaustralische Platte schiebt sich unter die Eurasische. 9,1 zeigen die Seismografen an, ein gewaltiges Beben, dem noch zahlreiche starke Nachbeben folgen. Nur zehn Minuten nach dem Beben zieht sich vor der indonesischen Provinz Banda Aceh die See zurück, nach drei weiteren Minuten kommt die erste Welle, fünf Meter hoch, noch mal fünf Minuten später die zweite Welle mit bis zu 20 Metern Höhe. Eine dritte Welle soll noch höher gewesen sein, doch genau messen kann sie zu diesem Zeitpunkt schon niemand mehr. Längst kämpfen die Bewohner des armen Landstriches, Fischer, Bauern, einfache Handwerker, um ihr Leben. Wer nicht rechtzeitig in höher liegende Gebiete flüchten konnte, hat kaum eine Chance. Die kleinen Hütten, selbst massive Häuser werden einfach mitgerissen. Rund um den Indischen Ozean gleichen sich die Bilder, denn die Wellenbewegung durchläuft nach und nach das Meer. Gegen zehn Uhr Ortszeit trifft der Tsunami auf die malerischen Strände Thailands, dann auf Sri Lanka und die Ostküste Indiens, schließlich auf die Trauminseln der Malediven. Nach etwa acht Stunden erreicht er Madagaskar, die große Insel vor der Südostküste Afrikas. Selbst in anderen Ozeanen, an weit entfernten Atlantikküsten wie zum Beispiel in Rio de Janeiro oder dem kanadischen Halifax ist noch eine leicht höhere Flut als üblich zu messen.

Ein zerstörtes Ferienparadies: die thailändische Insel Phi Phi

Was nicht niet- und nagelfest war, hat das Wasser mit sich gerissen.

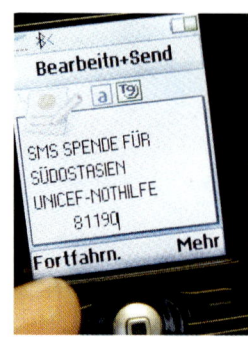

Nach dem Tsunami: Per SMS wird Geld gespendet. Mönche beten um Hilfe für das Land.

Die Menschen sind völlig ahnungslos

Doch trotz des Bebens, trotz der Ereignisse in Indonesien, wo der Tsunami als Erstes auf die Küsten trifft, werden die Menschen in den Ländern rund um den Indischen Ozean nicht gewarnt. Denn im Gegensatz zum Pazifik, wo Messgeräte jede Regung am Meeresgrund aufzeichnen und im Falle eines Erdbebens auch vor Tsunamis warnen, sind die Menschen in Südasien völlig ahnungslos. Selbst Einheimische können die **Warnzeichen** wie das zurückweichende Wasser nicht richtig deuten. So kommen durch den Tsunami wohl mehr als 200.000 Menschen um, die meisten von ihnen in Indonesien, Sri Lanka und Indien. Viele werden bis heute vermisst, ihre Leichen hat man nie gefunden. Touristen aus aller Welt sind unter den Opfern, mehr als 500 Deutsche zählen zu den Toten. Auch das ist ein Grund, warum nun die ganze Welt zu Hilfe eilt. Fast fünf Milliarden Euro spenden Regierungen und Privatpersonen weltweit, zudem schicken viele Staaten Fachleute, sie sollen Opfer bergen, Notkrankenhäuser für die

Verletzten, Unterkünfte für die Millionen Obdachlosen einrichten. Tausende Leichen müssen **identifiziert** werden. Es dauert Monate, bis die größten Schäden beseitigt sind, Jahre, bis viele Menschen wieder ein vernünftiges Dach über dem Kopf haben. Ganze Dörfer sind für immer von der Landkarte verschwunden. Auch für die Umwelt waren die Auswirkungen des Tsunamis verheerend. Korallenriffe – sie sind natürliche Wellenbrecher vor vielen Küsten und Heimat zahlreicher Tierarten – sind durch die Wucht des Tsunamis zerstört, Trinkwasserbrunnen mit Salzwasser verseucht, ganze Küstenabschnitte sehen heute völlig anders aus als vor dem gewaltigen Ereignis. Langsam aber kehren auch die Touristen wieder in die Region zurück.

Aus der ganzen Welt werden Hilfsgüter in die betroffenen Regionen eingeflogen.

Thema Das Erkennen von Warnzeichen reicht nicht aus

*I*ndonesien liegt nah an der Grenze zweier tektonischer Platten und ist daher besonders von Tsunamis durch Erdbeben und Vulkanausbrüche

bedroht. Ein fast 100 Millionen Euro teures Warnsystem, im November 2008 in der Hauptstadt Jakarta eingeweiht und jetzt in einer ersten Testphase, sammelt Daten von Seismografen und Messbojen im Indischen Ozean. Droht Gefahr, schlagen die Experten übers Radio oder auch per SMS in den betroffenen Regionen Alarm. Dort sollen die Menschen dann über Lautsprecher gewarnt werden.

Eine Stadt **versinkt**

Wirbelsturm Katrina verwüstet New Orleans

1. September 2005 in Louisiana

„Was haben Sie zum Präsidenten der Vereinigten Staaten gesagt?"

„Dass wir hier in New Orleans in einer schrecklichen Krise stecken und er der Situation sicher nicht gerecht wird, wenn er bloß aus seinem Präsidentenflugzeug mal zu uns runterschaut. Ich war überall in der Stadt und bin jetzt sehr frustriert. Wir brauchen mehr Polizeimittel, wir sind in jeder Hinsicht unterlegen. Warum haben wir die Plünderer nicht mehr unter Kontrolle? Weil die meisten unserer Kräfte dabei sind, Menschenleben zu retten! Tausende Menschen sitzen auf ihren Dachböden gefangen, Männer, alte Frauen, ihnen steht das Wasser bis zum Hals. Die Menschen in Amerika mögen mir meine derbe Ausdrucksweise verzeihen – aber ich bin stinksauer!"

Ray Nagin, Bürgermeister von New Orleans

Ray Nagin, Bürgermeister von New Orleans, redet sich in Rage. An diesem 1. September 2005 gibt er über das Telefon dem Radiosender WWL-AM ein Interview. Minutenlang hören die Menschen an ihren Geräten zu Hause oder im Auto, wie der Lokalpolitiker über die Tatenlosigkeit des US-Präsidenten George W. Bush und die untätigen Behörden wettert. Seit mehreren Tagen schon muss er mit ansehen, wie seine Heimatstadt New Orleans, die alte Südstaaten-Metropole im Flussdelta des Mississippi, im Wasser versinkt. Viele Menschen sind eingeschlossen von den Wassermassen, sitzen auf Dachböden, Dächern und Bäumen fest oder haben sich auf Straßenbrücken und kleine Hügel geflüchtet, die nun wie Inseln aus dem trüben Wasser ragen. Anstatt Pressekonferenzen und Fernsehinterviews zu geben, sollten die Politiker in der US-Hauptstadt Washington endlich handeln, schimpft Nagin.

Ray Nagin zeigt Präsident George W. Bush das Ausmaß der Zerstörung.

Viele Menschen sind vor dem Hochwasser auf die Dächer geflüchtet.

Soldaten, Polizisten und Katastrophenhelfer, Medikamente und Lebensmittel, Busse, Lkws und Boote, die Menschen in New Orleans brauchen dringend Hilfe. Sonst, so die

Bei einem Hurrikan entsteht ein gewaltiger Wolkenwirbel.

Die Straßen stehen unter Wasser.

düstere Warnung des Bürgermeisters im Radio, werden viele Menschen dieses Unglück nicht überleben, das der tropische **Wirbelsturm** „Katrina" über die Golfküste der USA brachte.

Wärme im Wirbel

Katrina, so nennen die Meteorologen den Hurrikan, der sich am 23. August 2005 nahe den Bahamas, einer kleinen karibischen Inselgruppe nahe Florida und Kuba, bildet. Solche Stürme sind Tiefdrucksysteme, sie entstehen vor allem im Spätsommer, wenn das warme Wasser der tropischen Meere verdunstet und dichte Wolken bildet, die sich durch die **Corioliskraft** zu einem riesigen Wirbel vereinen. Etwa 500 bis 700 Kilometer breit können die Sturmkreisel sein, den Rekord erreichte im Oktober 1979 der Taifun Tip mit einem Durchmesser von über zweitausend Kilometern. In ihrer Mitte ist das sogenannte Auge zu sehen, ein windstiller Bereich, während sich drum herum der Wirbel mit einer Spitzengeschwindigkeit

Wissen *spezial*

Wirbelstürme haben viele Namen

Tropische Wirbelstürme haben je nach Region verschiedene Namen. In der Karibik und im östlichen Pazifik heißen sie Hurrikans, im Indischen Ozean hingegen nennt man sie Zyklone. Auf der Westseite des Pazifiks, an den Küsten Japans und der Philippinen, heißen sie Taifune.

von bis zu 300 Kilometern in der Stunde dreht. Mit ihren schnellen Winden verursachen die Stürme große Schäden sowie Sturmfluten und heftige Niederschläge, so auch der **Zyklon Nargis** im Frühjahr 2008. Nur über großen Wasserflächen – sie müssen mindestens 26 Grad Celsius warm sein – bekommen tropische Wirbelstürme genügend Nachschub an Wärmeenergie. Diese brauchen sie zur Fortbewegung. Zudem herrscht über dem Wasser eine viel geringere Reibung als an Land. Ebenso, wie ein Wattebausch viel besser eine glatte Fläche entланggleitet als über einen sandigen Boden, kann ein tropischer Wirbelsturm nur über dem Meer seine volle Drehkraft entfalten. Trifft er auf Land, dann passiert dies mit einer großen Zerstörungskraft, im Landesinneren jedoch flaut das Monster meist rasch zu einem normalen Sturm ab.

Thema | **Zyklon Nargis zerstört Myanmar**

Im Golf von Bengalen, der Nordostspitze des Indischen Ozeans, bildet sich der Taifun Nargis am 27. April 2008 und trifft am 2. Mai auf die Küste von Myanmar und das Irrawaddy-Delta. In dem bitterarmen Land, auch unter dem Namen Birma bekannt, kommen mehr als 70.000 Menschen um, vielleicht sogar mehr, genaue Zahlen gibt es nicht. Denn das Land, beherrscht von einer Militärdiktatur, lehnt Hilfe aus dem Ausland ab, Katastrophenhelfern wird die Einreise verweigert, auch Reporter dürfen nicht aus der Krisenregion berichten.

New Orleans liegt im Flussdelta des Mississippi.

Katrina rückt näher

Katrina zieht von den Bahamas Richtung Florida, einem Bundesstaat ganz im Südosten der USA, der sich wie ein großer Bootssteg in die Karibik und den Golf von Mexiko erstreckt. Noch hat der Sturm nur die Stufe 1 auf der **Saffir-Simpson-Skala** erreicht, als er am 25. August über die Südspitze der Landzunge hinwegfegt. Als der Hurrikan westlich von Florida wieder über das Wasser des Golfs von Mexiko kommt, nimmt er neue Energie auf. Jetzt erreicht er schon die Stufe 3 und steuert direkt auf die Südküste zu, das Mündungsgebiet des Mississippi. Die Menschen sind alarmiert, Experten haben schon vor Jahren gewarnt, ein Hurrikan könnte eine Sturmflut auslösen und New Orleans' Deiche damit überspülen. Die Stadt, zum Großteil in einer Senke gelegen, unterhalb des Meeresspiegels und des Mississippi, würde einfach voll Wasser laufen. Der National Hurricane Center, eine Abteilung des staatlichen Wetterdienstes in den USA, gibt immer neue alarmierende Warnungen für den ganzen Küstenbereich aus. Der Präsident, George W. Bush, ruft den Notstand für die Bundesstaa-

Wissen *spezial*

Was misst die Saffir-Simpson-Skala?
Benannt nach den Meteorologen Herbert Saffir und Bob Simpson, misst die Anfang der 1970er-Jahre entwickelte Skala die Windgeschwindigkeit von Hurrikans. Katrina erreichte für eine kurze Zeit die höchste Stufe 5.

Wer kann, ergreift die Flucht.

ten Alabama, Mississippi und Louisiana aus. In New Orleans packen die Menschen ihre Taschen, bloß weg hier! Mehr als eine Million Bewohner der Region werden evakuiert, fahren in Autos und Bussen ins Landesinnere. Mehr als 20.000 Menschen suchen innerhalb der Stadt, im Superdome, einem überdachten Football-Stadion, Zuflucht.

Die Opfer des Hurrikans sind vor allem arme und kranke Menschen.

Die Deiche brechen

Am frühen Montagmorgen, es ist der 29. August 2005, erreicht Katrina mit einer Geschwindigkeit von mehr als 200 Kilometern pro Stunde schließlich die Küste von Louisiana. Heftige Regenschauer kommen nieder, der Wirbelsturm treibt zudem eine Flutwelle an die Küste, in die Mündung des Mississippi und in den Lake Ponchartrain, einen See, dreimal so groß wie der Bodensee und über zahlreiche Kanäle mit dem Meer und dem Flussdelta verbunden. Während Katrina weiter ins Landesinnere zieht und dort schnell an Kraft verliert, ist die Gefahr für die Stadt noch nicht gebannt. Die meterhohen Deiche – sie schützen das tiefer liegende New Orleans vor dem Wasser des Sees – halten dem Druck nicht mehr stand. Bis zu 90 Meter der Deichsysteme brechen ein, unaufhaltsam ergießt sich Wasser in die

Zahlreiche Menschen sind auf dem Weg in den Superdome.

Die berühmten Häuser im „French Quarter" blieben zum Glück verschont (rechts). Alles, was neu gebaut wird, sieht anders aus (unten).

Metropole, schließlich sind fast 80 Prozent der Stadt überflutet. Doch Polizei, Feuerwehr und Katastrophenschutz haben nicht genügend Leute, um die Eingeschlossenen zügig zu befreien. Tagelang irren die Betroffenen durch die verwaiste Stadt, waten und schwimmen durch das mit Krankheitserregern verseuchte Wasser. Manche brechen in Supermärkte ein, um sich mit dem Nötigsten zu versorgen, andere nutzen die Gunst der Stunde und plündern unbewachte Geschäfte und Wohnhäuser aus. Die Polizei ist meist machtlos, das Chaos ist groß, auch die Zeitungen und Fernsehsender versuchen, sich ein Bild von der Lage zu machen. Stimmt es wirklich, dass Ladenbesitzer Plünderer erschossen haben? Und überfallen die Menschen sich gegenseitig, anstatt einander zu helfen? Auch aus dem Superdome sowie dem Kongresszentrum, wo inzwischen Zehntausende Menschen auf Hilfe warten und kaum Schlaf- und Waschgelegenheiten zur Verfügung stehen, hört man schlimme Geschichten über Mord und Totschlag. In den USA haben viele Menschen Waffen zu Hause, sie werden jetzt zum Sicherheitsproblem. Die ganze Welt wird Zeuge, wie in einem der reichsten und modernsten Länder der Welt die Natur alles ins Chaos

stürzt. Zahlreiche Länder, unter ihnen so arme Staaten wie Bangladesch und Afghanistan, bieten ihre Hilfe an und spenden Geld, Wasserpumpen oder auch Decken, schicken Suchtrupps und Fachleute. Doch die Behörden in den USA lassen wertvolle Zeit ungenutzt verstreichen, es gibt Streit, wer eigentlich zuständig ist. Die Bundesregierung in Washington? Die Regierung von Louisiana? Oder muss die Stadt New Orleans erst offiziell um Hilfe bitten, damit Armee und Katastrophenhelfer sich auf den Weg machen dürfen? Bürgermeister Ray Nagin platzt schließlich der Kragen, mit wilden Schimpfworten macht er seiner Wut Luft, auch im Rest des Landes wird die Kritik an der schlechten Katastrophenhilfe immer lauter. Es dauert noch Tage, bis schließlich der Großteil der Betroffenen aus der überfluteten Stadt evakuiert wird. Bis heute sind viele Menschen nicht zurückgekommen, denn noch immer dauern die Bauarbeiten an, ganze Stadtteile wurden abgerissen oder entstehen neu. Katrina ist mit einem Schaden von mehr als 80 Milliarden Dollar eine der teuersten Naturkatastrophen in der Geschichte der USA, mehr als 1800 Menschen kommen durch den Wirbelsturm um.

Eine Gedenktafel erinnert an die Toten.

Viele machen Präsident George W. Bush für die späte und schlecht organisierte Hilfe verantwortlich.

Eine **warme Zukunft?**

Der Klimawandel heizt der Erde ein

10. Dezember 2007 in Oslo

„Allein am heutigen Tag haben wir 70 Millionen Tonnen Treibhausgase ausgestoßen, hinein in die dünne Hülle der Atmosphäre, die unseren Planeten umgibt. So als wäre sie einfach nur ein offener Abflusskanal. Und morgen wird es eine noch größere Menge sein. Mehr und mehr Sonnenhitze wird diese steigende Konzentration an Treibhausgasen einfangen. Das Ergebnis ist: Die Erde hat Fieber. Und das Fieber steigt. Die Experten haben uns gewarnt, dies ist kein vorübergehendes Unwohlsein, das sich von selbst heilen wird. Also haben wir um eine zweite Expertenmeinung gebeten, und eine dritte und eine vierte. Und das einhellige Ergebnis lautet: Etwas Grundlegendes ist nicht in Ordnung. Wir sind es, die nicht in Ordnung sind. Und wir sind es, die nun das Richtige tun müssen."

Al Gore bei der Verleihung des Friedensnobelpreises

Festlich geschmückt ist das Rathaus von Oslo, viele Leute, darunter auch Mitglieder des norwegischen Königshauses und berühmte Wissenschaftler, sitzen in feinen Roben in dem großen Saal. An diesem 10. Dezember 2007 wird der Friedensnobelpreis verliehen. Al Gore (*1948), ehemaliger US-Vizepräsident, und der **Weltklimarat** teilen sich die wichtige Auszeichnung. Jahrelang haben sie sich mit dem Klimawandel beschäftigt, das Thema immer wieder auf den Tisch und in die Zeitungen gebracht und versucht, sie aufzuhalten: die globale Erwärmung und ihre Folgen. Damit ist jedoch nicht die natürliche Klimaveränderung gemeint, wie sie die Erde im Laufe der Jahrmillionen immer wieder im Wechsel von Eiszeiten und warmen Perioden erlebt hat. Diese vollzieht sich nur sehr langsam, oft über Jahrhunderte oder gar Jahrtausende hinweg. Nein, der Klimawandel, von dem inzwischen alle Welt spricht, vollzieht sich viel schneller und ist zum größten Teil anthropogen, also vom Menschen gemacht.

Wissen *spezial*

Was macht der Weltklimarat?

1988 gründen die Vereinten Nationen den „Zwischenstaatlichen Ausschuss für Klimaänderungen", so der offizielle Name des Weltklimarats. Er sammelt Informationen aus allen wissenschaftlichen Disziplinen, um mehr über den Klimawandel und seine Folgen zu erfahren.

Al Gore und ein Mitglied des Weltklimarates in Oslo

Die globale Erwärmung wird zu einem großen Teil durch Kraftwerke vorangetrieben.

Erdöl entsteht unter der Erde und wird nach oben befördert. Es zählt zu den wichtigsten Treibstoffen.

Mit der Industrie kommt das Fieber

In den vergangenen 100 Jahren ist die Temperatur auf der Erde durchschnittlich um etwa 0,8 Grad Celsius gestiegen. Schuld daran ist, so die Ansicht vieler Wissenschaftler heute, der steigende Ausstoß sogenannter Treibhausgase, zu denen auch **Kohlenstoffdioxid** (kurz: CO_2) gehört. CO_2 entsteht beim Verbrennen fossiler Brennstoffe wie Kohle, Holz, Erdgas oder Erdöl. Zu den Treibhausgasen zählt auch Methan, das beispielsweise Rinder mit ihrem Dung freisetzen. Je mehr CO_2 und Methan in die Atmosphäre gelangen, desto stärker wird der natürliche Treibhauseffekt. Ursprünglich ist dieser von großem Nutzen: Er bewirkt, dass die wärmende Strahlung der Sonne nicht von der Erde abprallt und wieder im Weltall

Rinder produzieren große Mengen Methan.

verschwindet, sondern mithilfe der Treibhausgase innerhalb der Atmosphäre festgehalten wird. Durch diesen Effekt herrscht auf dem Globus eine durchschnittliche Temperatur von etwa 15 Grad Celsius, ohne ihn wäre es bei uns bitterkalt. Durch den Eingriff des Menschen aber erhöht sich die Konzentration der Treibhausgase sehr stark, zu viel Wärme wird in der Atmosphäre gebündelt, die Temperatur auf der Erde steigt – in den nächsten 90 Jahren, so hat es der Weltklimarat errechnet, möglicherweise um bis zu 6,5 Grad Celsius, wenn die Menschen nichts dagegen unternehmen.

Kleine Veränderung mit großer Wirkung

Wenn es schön warm ist, dagegen hat ja niemand etwas, oder? Doch die globale Erwärmung sorgt nicht für einen schönen Sommer, sondern könnte dramatische Folgen haben. Wenn die Wissenschaftler recht haben, sieht die warme Zukunft ganz schön düster aus: Steigen die Temperaturen, schmelzen Eisberge und Gletscher. Dadurch steigt der Meeresspiegel, nach einigen Berechnungen bis zu anderthalb Meter noch in diesem Jahrhundert. In küstenreichen, flachen Ländern wie den Niederlanden tüftelt man daher schon jetzt an besseren Deichen und Häusern auf Stelzen. Ärmere Länder wie Bangladesch hingegen haben kaum das Geld, um sich gegen das steigende Wasser zu wehren. Viele Küstengebiete welt-

Die immer wiederkehrenden Überschwemmungen in Bangladesch nehmen gefährliche Ausmaße an.

Die Lebensräume vieler Tierarten schrumpfen durch globale Erwärmung.

In England fordern Demonstranten die Reduzierung des CO_2-Austoßes.

weit würden sich verändern. Auch die Malediven, ein Inselstaat südwestlich von Indien und Sri Lanka, sind vom steigenden Wasser betroffen. Die mehr als 1000 Inseln im Indischen Ozean liegen meist nur ein bis zwei Meter über dem Meeresspiegel.

Wenn die Berechnungen der Experten stimmen, gehen viele der Trauminseln in den nächsten Jahrzehnten allmählich unter. Wegen des sich verändernden Klimas verschwinden auch Tier- und Pflanzenarten oder sind gar vom **Aussterben** bedroht. In Norddeutschland freuen sich die Menschen vielleicht darüber, nun Wein anbauen zu können, doch in Südeuropa kämpfen sie gegen die Dürre. Die Wissenschaftler befürchten, dass sich Wüsten ausbreiten, andernorts Überschwemmungen ganze Landstriche vernichten und über dem wärmer werdenden Wasser mehr tropische Wirbelstürme entstehen. Trinkwasser und Nahrungsmittel würden dann knapp und teuer, Millionen Menschen schließlich wären auf der Flucht vor den Naturkatastrophen. Tod und Elend drohten und vielleicht sogar Kriege, wenn sich alle um die letzten **Ressourcen** stritten.

Wissen spezial

Was versteht man unter Ressourcen?

Ist ein Gegenstand oder auch eine geistige Fähigkeit wichtig, um etwas zu produzieren oder zu erreichen, dann spricht man von einer Ressource. Wasser und Lebensmittel, Geld und Rohstoffe, Bildung und Gesundheit, sie alle sind wichtige Ressourcen für den Menschen.

Was tun?

Rio de Janeiro, die Millionenstadt im Südosten Brasiliens, ist im Juni 1992 Gastgeber des Weltgipfels, einer Konferenz der Vereinten Nationen zum Thema Umwelt und Entwicklung. Hier beschließen die Staatsvertreter, etwas gegen die globale Erwärmung durch den Menschen zu unternehmen. Seither wird weltweit auf zahlreichen Konferenzen und Treffen immer wieder diskutiert, wie sich der hohe CO_2-Ausstoß verringern lässt. Ein US-Bürger zum Beispiel produzierte im Jahr 2004 im Schnitt etwa 20 Tonnen CO_2, in Deutsch-

Ein Flug für 12 Euro ist aufgrund des hohen CO_2-Ausstoßes ein Desaster.

Thema   **Viele Arten sind vom Aussterben bedroht**

Nicht alle Tiere können in neue Gebiete flüchten, wenn ihre alte Heimat zu warm wird. Viele Arten könnten aussterben, befürchten Experten. Auch der Eisbär, eines der größten Raubtiere der Erde, ist bedroht. Er braucht das Eis der Arktis, um in einem möglichst großen Gebiet Robben fangen zu können, an Luftlöchern in der dicken Eisdecke lauert er auf seine Beute. Durch den Klimawandel verkürzt sich nun die Jagdsaison für den Ursus maritimus, so der wissenschaftliche Name des Eisbären, und er muss hungern.

Weniger Autoverkehr wäre gut für die Umwelt.

Ein Haus, das komplett mit Sonnenenergie versorgt wird.

land waren es zehn Tonnen pro Kopf. Noch stoßen Länder wie Indien, hier ist es eine Tonne pro Einwohner, und China mit dreieinhalb Tonnen, sehr viel weniger Treibhausgase aus als die Industrieländer. Doch die Wirtschaft entwickelt sich in diesen bevölkerungsreichen Staaten rasant, immer mehr Fabriken werden hier gebaut, immer mehr Autos fahren auf den Straßen, also wird auch hier immer mehr CO_2 in die Atmosphäre gepustet. Die Waren aus Asien werden oft auf der ganzen Welt verkauft. Die langen Transportwege per Flugzeug oder Lkw sind eine weitere Ursache für den CO_2-Ausstoß. Umweltfreundliche Transportmittel sind also gefragt. Das gilt auch für den Personenverkehr. Automobilhersteller könnten neue Autos entwickeln, die weniger Sprit verbrauchen. Oder aber der Einzelne verzichtet aufs Auto und fährt mit dem Fahrrad bzw. nutzt öffentliche Verkehrsmittel. Auch beim Heizen kann CO_2 gespart werden. Ölheizungen lassen sich gegen klimafreundliche Heizungen austauschen, zudem kann man sein Haus besser isolieren, damit keine wertvolle Heizwärme durch kleine Ritzen nach draußen entweicht. Nicht so viel Fleisch zu essen wäre auch eine Möglichkeit, weniger Treibhausgase zu produzieren. Denn um die Rinder für den weltweiten Hunger auf Hamburger zu ernähren, braucht man Weidefläche. Oftmals müssen dafür Wälder weichen. Das ist gleich doppelt problematisch, denn zum einen können Bäume wenigstens einen Teil des überschüssigen CO_2 wieder in Sauerstoff umwandeln, zum anderen stoßen die vielen Tiere das Treibhausgas Methan aus. Mit dem Kyoto-Protokoll, das 1997 in der

Mitglieder der Umwelt-
schutzorganisation
Greenpeace demonstrie-
ren gegen den Bau eines
neuen Braunkohlekraft-
werks.

japanischen Stadt Kyoto beschlossen worden und 2005 in
Kraft getreten ist, haben über 150 Länder vertraglich festgehalten, dass sie bis zum Jahr 2012 ihren Ausstoß an kli-
maschädlichen Gasen drosseln wollen. Völlig aufhalten
wird man die globale Erwärmung wohl nicht mehr können,
aber man will wenigstens erreichen, dass sich die durchschnittliche Temperatur höchstens um zwei Grad Celsius
erhöht. Doch nicht alle Länder haben das Kyoto-Protokoll
unterzeichnet, denn die globale Erwärmung aufzuhalten,
kostet Geld. Wenn Wirtschaftsunternehmen die strengen
Regeln zum Klimaschutz einhalten, schmälert das erst mal
ihren Gewinn. Zudem wollen sich manche Staaten nichts
von anderen vorschreiben lassen. So auch die USA, obwohl
sie weltweit das meiste CO_2 pro Kopf produzieren. Al Gore
hatte den Vertrag 1997 noch unterschrieben, George W.
Bush, US-Präsident von 2000 bis 2008, hat die Zusage der
Vereinigten Staaten wieder zurückgenommen. Der 2008
neu gewählte US-Präsident Barack Obama hat seinen
Wählern hingegen versprochen, wieder mehr für den Klimaschutz zu tun.

Häuser mit Pudelmütze –
Werbung für sparsames
Heizen und umwelt-
freundliche Däm-
mung.

Naturkatastrophen auf einen Blick

Naturkatastrophen wie Erdbeben oder Vulkanausbrüche gibt es seit Millionen von Jahren und bis heute bestimmen sie das Leben auf der Erde. Diese Zeitleiste stellt 20 einschneidende Naturkatastrophen vor, in denen sich die ganze Gewalt der Natur offenbart.

Durch einen Meteoriteneinschlag sterben die Dinosaurier aus.

Während der Weichsel-Eiszeit bedeckt Gletschereis große Flächen des heutigen Europas.

vor 65 Mio. Jahren > **um 65.000 v. Chr.**

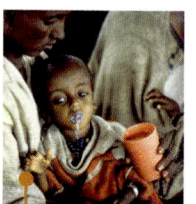

Lange Dürrezeiten führen in Äthiopien zu einer Hungerkatastrophe.

Buschfeuer vernichten riesige Flächen Land in Australien.

El Niño stellt weltweit das Klima auf den Kopf.

Eine Sturmflut an der Nordseeküste überschwemmt Hamburg.

1984 > **1983** > **1982** > **1962**

Das Erdbeben von Kobe zerstört große Teile der japanischen Stadt.

Nordamerika erstarrt im Eisregen.

Nach einem Lawinenabgang erstickt der Ort Galtür im Schnee.

1995 > **1998** > **1999**

Orkane toben in der Nordsee und zerstören die spanische Kriegsflotte.

Durch die Kartoffelfäule in Irland müssen viele Iren hungern.

Der Vesuv bricht aus und begräbt Pompeji unter einer meterhohen Ascheschicht.

Beim Erdbeben von Lissabon zittert die Erde in ganz Europa.

79 n. Chr.   **1588**   **1755**   **1846**

Die Spanische Grippe breitet sich auf der ganzen Welt aus.

Der Tri-State Tornado in den USA hinterlässt eine Schneise der Zerstörung.

In Indonesien explodieren die drei Krater des Krakatau.

1925   **1918**   **1883**

Ein gewaltiges Seebeben vor Indonesien löst einen Tsunami aus.

Die Durchschnittstemperatur auf der Erde steigt bedenklich an.

Das Jahrhunderthochwasser der Elbe überflutet Dresden und viele andere Städte.

Der Wirbelsturm Katrina stürzt New Orleans ins Chaos.

2002   **2004**   **2005**   **Heute**

Register

Im Register sind Personennamen und Sachbegriffe verzeichnet. Fett gedruckte Seitenzahlen bedeuten: Zu diesen Einträgen gibt es Lexikonboxen (Wissen spezial oder Thema).

Bildquellennachweis

aisa, Archivo iconográfico, Barcelona 17, 21 f., 28, 111, 129, 131
akg-images, Berlin 21, 47, 52
akg-images, Berlin/Erich Lessing 48, 169
Archiv Waldmann, Stuttgart 89, 125
The Associated Press, Frankfurt am Main 157
Bibliographisches Institut & F. A. Brockhaus, Mannheim 13, 18, 30, 58, 74, 76, 79, 92 f., 98, 103, 107, 121, 126, 135, 147, 158
Bild und Wort, Literatur- und Medienagentur, H.-J. Rech, Kaarst 161
Farb- und Schwarzweiß-Fotografie E. Böhm, Mainz 29
Richard Brugger, Heidelberg 111
© CORBIS/Royalty-Free 3–5, 25, 30, 53, 60, 62, 74, 89, 92, 133, 153, 156, 161 f.
CORBIS/Jai/Michel Falzone 5, 60
CORBIS/Reuters 156
Dagli Orti/The Art Archive, London 44
© DeA Picture Library 27
Deutsche Gesellschaft zur Rettung Schiffbrüchiger, Bremen 81 f.
Deutsche Lebensrettungsgesellschaft, Bad Neundorf 118
Diener/Gluszak 70
Kerstin Duell/www.com-passion.tv 68
Dr. H. Eichler, Heidelberg 18
ESA/ESOC, Darmstadt 77
ESO – European Southern Observatory, Garching bei München 14
Gamma, Studio X, Limours 118
GEOSPACE; Austria, Spot Image, 2007 116
Dr. Georg Gerster, Zumikon, Schweiz 6, 45, 105, 108
Christiane Gottschlich, Berlin-Rahnsdorf 54
Dr. Horst Günther, Berlin 41
IFA-Bilderteam, Ottobrunn 130
Kessler-Medien, Saarbrücken 145
H. Mahler, Fotograf, Berlin 100
MEV Verlag, Augsburg 38, 130, 165 f.
NASA/GSFC/JPL;MISR Team 21
NASA/GSFC/LaRC/JPL, MISR Team 102
NATO Headquarters, Brüssel 86
Naturpix, B. Mühr und G. Müller, Karlsruhe 20
picture-alliance/Abaca 144, 169
picture-alliance/akg- images, Frankfurt am Main 14, 24–26, 29, 32–36, 39, 41, 43, 49, 52, 57, 62 f., 65, 69 f., 123, 139, 169
picture-alliance/dpa, Frankfurt am Main 4–8, 10–13, 15–17, 19 f., 23, 25, 33, 35, 37 f., 42, 45 f., 50 f., 53–56, 58–61, 63, 65, 69, 71–73, 75–78, 80–101, 103–106, 108–110, 112–117, 119–127, 129–143, 145 f., 149–165, 167–169
picture-alliance/Globus Infografik, Frankfurt am Main 11
picture-alliance/Godong, Frankfurt am Main 164
picture-alliance/HB-Verlag, Frankfurt am Main 40, 169
picture-alliance/IMAGNO/Austrian Archives, Frankfurt am Main 54
picture-alliance/Keystone, Frankfurt am Main 128, 168
picture-alliance/kpa photo archive, Frankfurt am Main 17, 66, 84, 148
picture-alliance/Helga Lade Fotoagentur, Frankfurt am Main 30, 57
picture-alliance/maxppp, Frankfurt am Main 31, 42, 64, 67, 132, 169
picture-alliance/Bildarchiv Okapia, Frankfurt am Main 9, 22 f., 66, 82, 89 f., 164
picture-alliance/Photoshot, Frankfurt am Main 102
picture-alliance/Picture Press/NASA/VRS, Frankfurt am Main 9 f.
picture-alliance/Picture Press/Mirjam und Uwe Wiede, Frankfurt am Main 70, 90
Rheinisch-Westfälische Elektrizitätswerke, Essen 166
Sigloch Edition, Sirius Bildarchiv, Blaufelden/E. Hehl 49
The Munch Museum/The Munch Ellingsen Group/VG Bild-Kunst, Bonn 2008 57, 62
W. Wehry, Freie Universität, Berlin 138

Umschlagabbildungen © CORBIS/Royalty-Free: Tornado – picture-alliance/dpa, Frankfurt am Main: Blitz, Eissturm, Dinosaurier, Krakatau, Heuschrecke, Tornado, Brennendes Schiff – picture-alliance/Helga Lade Fotoagentur, Frankfurt am Main: Pompeji, Vulkanausbruch (Zentralmotiv) – picture-alliance/scanpix, Frankfurt am Main: Buschfeuer

Quellennachweis: Dialog auf Seite 112 geht auf folgende Darstellung zurück: http://ccs.cla.kobe-u.ac.jp/Asia/Visitor/Furm/report/sasaki.html

LIVE DABEI

Die Welt des Mittelalters

20 faszinierende Ereignisse vom Ritterfest
bis zum Klosterbau

*‚Steige herab vom Thron!‘, verlangt
Heinrich IV. 1076 vom Papst. Doch Gregor VII.
weist den König in seine Schranken und
belegt ihn mit dem Kirchenbann. Damit ist
dieser gezwungen, den Papst bei Schnee und Eis
auf der Burg Canossa aufzusuchen und um
Vergebung zu bitten. Kein leichter Schritt
für Heinrich ...*

Dieser Band stellt 20 spannende Ereignisse
des Mittelalters vor: vom Gang nach Canossa
bis zur Goldenen Bulle.

Text von Mira Hofmann
Mit mehr als 300 Fotos
Gebunden, 176 Seiten

Ab 11 Jahren
ISBN 978-3-407-75344-1

Geheime Codes
und verschollene Schätze

20 (un)gelöste Rätsel der Menschheit

*1890 auf der Kokosinsel: Bei brütender Hitze
arbeiten sich die Schatzsucher durch den Sand.
Sie sind Piratengold auf der Spur.
Einst erbeutet auf wilden Kapernfahrten, soll
es hier vergraben sein. Da trifft die Schaufel
plötzlich auf etwas Hartes ...*

Dieser Band lüftet 20 Rätsel und Geheimnisse
der Menschheit:
Von der Begegnung mit „Nessie" bis
zu Abenteuern im Bermudadreieck

Text von Bernd Flessner
Mit mehr als 300 Fotos
Gebunden, 176 Seiten

Ab 11 Jahren
ISBN 978-3-407-75345-8

„Bücher für den tiefen Sessel an herbstlichen Regentagen und für
manche späte Lesestunde – mit der Taschenlampe unter der Bettdecke."
Zeit Literatur

Beltz & Gelberg und Der Jugend Brockhaus

LIVE D A B E I

Geniale Denker und clevere Tüftler
20 bahnbrechende Erfindungen der Menschheit

Schottland, im Jahr 1768: Endlich hat James Watt einen Geldgeber von seiner Idee überzeugt und kann seine Dampfmaschine bauen – diese Erfindung wird die Welt verändern. Sie ist nicht die Einzige …

Dieser Band stellt die genialsten Erfindungen der Menschheit vor: vom Feuer bis zur Raumfahrt.

Text von Bernd Flessner
Mit mehr als 300 Fotos
Gebunden, 176 Seiten

Ab 11 Jahren
ISBN 978-3-407-75329-8

„Superspannend die Geschichten über die 20 Top-Erfinder!
Ein Muss für Nobelpreisträger in spe!"
Bild

Abenteuer Weltgeschichte
20 entscheidende Ereignisse von der Steinzeit bis heute

An Bord der Santa Maria, im Jahr 1492: Die meuternde Mannschaft droht der großen Reise des Christoph Kolumbus ein Ende zu setzen. Sein Schiff ist auf dem Weg nach Amerika – auf dem Weg in eine neue Welt …

Dieser Band stellt große historische Ereignisse vor und erläutert ihre Auswirkungen auf das Leben der Menschen und für die Geschichte – von der Steinzeit bis heute.

Text von Ulli Kulke
Mit mehr als 300 Fotos
Gebunden, 176 Seiten

Ab 11 Jahren
ISBN 978-3-407-75328-1

„Ein gewaltiges Unterfangen, mit Bravour vorgetragen."
Süddeutsche Zeitung

Beltz & Gelberg und Der Jugend Brockhaus

LIVE D A B E I

Kühne Abenteurer und furchtlose Entdecker
20 spektakuläre Expeditionen rund um den Globus

1960 im Pazifischen Ozean: Meter für Meter steigt Jacques Piccard in seinem Tauchschiff hinab. Sein Ziel ist der Grund des Marianengrabens in knapp 11.000 Metern Tiefe. Wird sein kühner Plan gelingen?

Dieser Band stellt 20 Expeditionen wagemutiger Forscher und Abenteurer vor: von der Entdeckung Amerikas bis zur Reise ins All.

Text von Bernd Flessner
Mit mehr als 300 Fotos
Gebunden, 176 Seiten

Ab 11 Jahren
ISBN 978-3-407-75342-7

Ruhmreiche Gladiatoren und mächtige Herrscher
20 sensationelle Ereignisse der antiken Welt

Die Männer, die sich 1184 v. Chr. auf der Peloponnes versammeln, werden von Agamemnon auf den bevorstehenden Angriff eingestimmt: „Nieder mit Troja!" Eine List soll den erhofften Sieg bringen …

Dieser Band stellt 20 wegweisende Ereignisse der Antike vor: von der ersten europäischen Hochkultur auf Kreta bis zum Niedergang des Weströmischen Reichs.

Text von Holger Sonnabend
Mit mehr als 300 Fotos
Gebunden, 176 Seiten

Ab 11 Jahren
ISBN 978-3-407-75341-0

„Spannende Texte … Flott geschrieben und gestaltet, vermitteln die Bände Wissen auf unterhaltsame Weise."
Südwest-Presse

Beltz & Gelberg und Der Jugend Brockhaus

Bibliografische Information der Deutschen Nationalbibliothek.
Die Deutsche Nationalbibliothek verzeichnet diese Publikation in der
Deutschen Nationalbibliografie; detaillierte bibliografische Daten
sind im Internet über http://dnb.ddb.de abrufbar.

Das Wort BROCKHAUS ist für den Verlag
Bibliographisches Institut & F.A. Brockhaus AG
als Marke geschützt.

Lektorat: Dr. Christa Söhl
Bildredaktion: Angelika Sust
Text: Imke Rosebrock
Herstellerische Leitung: Myriam Frericks
Layout und Satz: Petra Bachmann, Weinheim
Gesamtherstellung: Druck Partner Rübelmann, Hemsbach
Printed in Germany
ISBN 978-3-407-75347-2